はしがき

「資産運用への関心は確実に高まっている」――筆者が独立系FPとして担う、相談業務や一般向けマネーセミナー、企業の福利厚生で開催されるライフプラン研修などを通じて感じていることです。低金利のうえ少子高齢化が進み、先々が見通しにくい世の中に、誰もが少なからず不安を抱いています。

その不安を解消する方法の一つが資産運用であり、資産運用のベースとして、始めやすいのは投資信託です。ただ残念なことに、日本人は投資の知識と経験が少なく、投資をギャンブルと勘違いしているケースも珍しくありません。一方で、税制優遇が魅力のNISA制度やiDeCoに関心をもつ人が増えているのも事実です。そんな方々に、投資とは何か、資産運用がなぜ必要なのか、などの情報提供をしながら背中を押してあげられるのは紛れもなく金融機関に勤めている皆様です。普段から多くのお客様と接している金融機関の担当者が果たせる役割は大変大きなものなのです。

まずは、あまり考え過ぎずお客様に話しかけてみませんか。その会話のなかに、ライフイベントや資産運用にまつわる話、情報提供を少しだけ織り交ぜることから始めてはいかがでしょう。そうすれば自然ともっと話を聞きたいというお客様が増えてきます。

投資信託の販売は、お客様のライフプラン実現への一助となるステキなお仕事です。自信をもってアドバイスをしましょう。この「投信販売推進ガイド」は、そんな皆様のサポートになれば、という思いで基礎知識やトーク例を書き下ろしました。元銀行員として、FPとして、皆様を応援しています。

令和元年８月

白浜仁子

CONTENTS

第1章　投資信託の仕組みと種類

第2章　投資信託販売の基本

第3章　お客様別・シーン別　推進トーク例

第1章

投資信託の仕組みと種類

1 投資信託とは

❶ 投資信託とは

投資信託とは、お客様の未来をより豊かなものにするための金融商品です。投資家（お客様）から集めたお金を運用会社（委託会社）がまとめ、信託銀行（受託会社）を通じ多くの株式や債券などに投資します。そして、その運用結果を投資家に還元するというものです。投資家は資産を増やすことで自身の未来がより充実したものになることを目指すだけでなく、株式や債券に投資することで、国や企業の成長を支え社会全体の未来を作るという素晴らしい役割を果たします。皆さんは販売会社という立場で、投資家であるお客様と投資信託をつなぐ大切な仕事をしていきます。

◆投資信託の仕組み

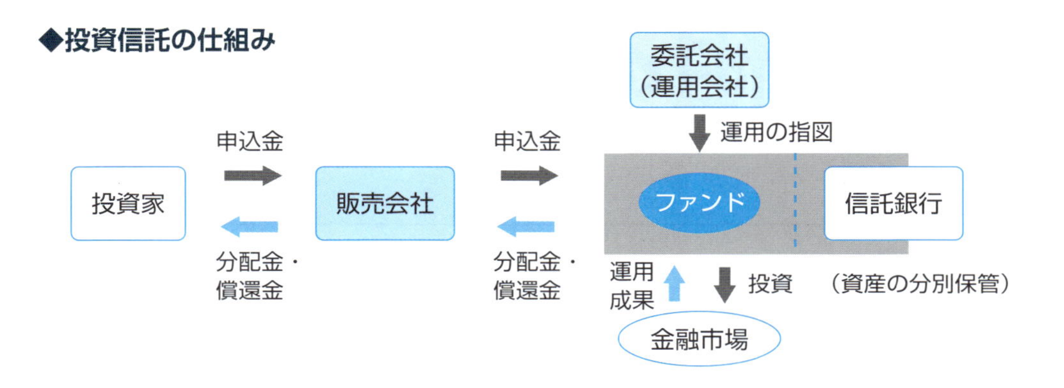

投資信託は、1万円前後の少額から始められ、多くの銘柄に分散できることが魅力です。どの投資信託にするかさえ選んでおけば、銘柄選びや売買などの手間がかかることはすべて運用のプロに任せられます。つまり、投資初心者や多忙な人など誰でも始めやすいものということです。まだ魅力はあります。機関投資家のような大きな資金がないと投資できない国や投資対象も、投資信託を通じることで個人でも投資に仲間入りできるという点です。多くの投資ニーズが満たされる優れた金融商品ですので、自信をもってお客様にお勧めしましょう。

投資信託について「投資したお金がゼロになってしまうことはありますか？」という質問を受けることがあります。この場合、どのように答えるとよいでしょうか？
結論からいえば、「ゼロになることは考えにくい」という回答になります。ですが、その根拠を伝えなければお客様は不安なままです。例として次のような説明があります。

「国内株式型の投資信託の場合、どのくらいの銘柄に投資していると思いますか？」
「多いもので約 2000 社に分散投資しています」
「もしお客様が、１万円分の投資信託を購入したとすると、その１万円で 2000 社の株式を少しずつ保有しているということになります」
「仮にその中の 10 社が破綻した場合、お客様の１万円はどうなると思いますか？」
「確かに値下がりする要因にはなりますね。でも、他にも 1990 社あるので、ゼロになってしまうことは考えにくいのではないでしょうか」
「もちろん全社が破綻してしまえば……という不安はありますが、日本の上場企業のうち 2000 社が破綻となると日本自体が危うい状況であることが容易に想像できます」

このように、投資信託は個別の株式に投資するより、少額でも多くの企業に分散投資できるリスクが抑えられた金融商品である、ということを丁寧に説明しましょう。例え話をすると投資信託への理解が進みやすいでしょう。よく尋ねられる質問ですので、自分なりの伝え方を用意しておきましょう。

また、投資信託の主な投資対象となる株式や債券についても理解しておく必要があります。次に、それぞれの特徴について確認しましょう。

❷ 株式とは

株式とは、企業を経営するうえで力の源になるものです。企業が事業活動を行うのに必要な資金を調達するために発行します。その会社に出資（投資）する人を株主といい、株主は、株主総会に出席して議決権が行使できるなど一定の権利が与えられます。では、資産運用として考えた場合の魅力は何でしょうか？

主に２つあります。１つ目は、株式を保有していると利益の一部が分配され、配当金が得られることです。２つ目は、購入時より株価が上がった時に売却すれば、売却益（譲渡益）が得られることです。これらは経済環境の変化や企業業績によって左右されるため、場合によっては無配（配当が出ない）や、売却損（譲渡損）となることもあります。また、もしその企業が破綻したならば、投資資金は“ほぼゼロ”になる可能性もあります（詳細はＰ 22 価格変動リスク、Ｐ 23 信用リスク）。

日本では、企業のオリジナル商品や優待券などがもらえる株主優待制度を採用している企業も多くあり、それを投資の主な目的とする株主もいます。

上場企業の株式は市場（しじょう）で売買できます。今は電子化されていますが、青果市場や魚市場のようなイメージです。

日本の市場である金融商品取引所（証券取引所）は、「東京証券取引所」「名古屋証券取引所」「札幌証券取引所」「福岡証券取引所」の４つがあり、上場企業はいずれかに上場しています。

中でも東京証券取引所は日本最大規模で、一般に、ニューヨーク証券取引所やロンドン証券取引所と並ぶ世界三大市場といわれています。近年では、中国の市場開放がすすみ、上海や香港などの取引所も注目される存在です。取引所に上場するには一定の基準を満たす必要があり、その基準は市場ごとに異なります。

国内株式に投資する投資信託であれば、東京証券取引所の第一部に上場している企業に投資をするものや、マザーズやジャスダックなどのベンチャー企業に投資をするものなど、それぞれの運用方針に基づき銘柄選定が行われています。

株式は、企業業績や景気の影響を受け、価格の変動（リスク）が大きくなりますが、その分大きなリターンを得ることが期待できるハイリスク・ハイリターンの資産です。また、インフレリスク（物価上昇リスク）に強いためインフレヘッジとしても期待できます。

◆国内の証券取引所

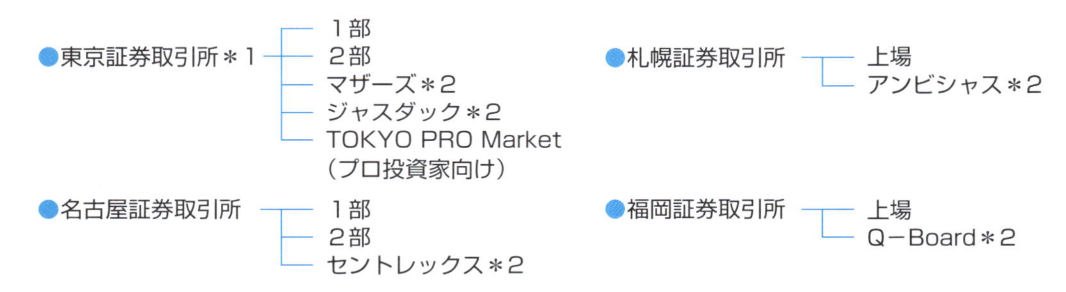

＊１ 今後、市場区分を見直す方向で検討されている
＊２ 主にベンチャー企業向けの市場で新興市場といわれる

❸ 債券とは

債券というと一般にはあまりなじみのない言葉ですが、ニュースなどでもよく耳に

投信販売のプロフェッショナルから プラスワン

国内の株式投資信託に投資した場合、株主優待の扱いはどうなるのでしょうか？　実際、優待品等は運用会社が受け取っています。しかし、品物を直接受益者（投資家）に分けることは難しいため、換金できるものは現金化し、運用資産として純資産へ還元されています。

する国債を例にあげるとわかりやすいでしょう。国債は、税収だけでは資金が不足するため、それを補うために発行するものです。国が発行する債券だから「国債」というわけです。発行された国債には満期（償還期限）があり、満期までの間は利息が支払われます。つまり、債券は「満期日（償還日）まで年利○％でお金を借ります」ということが書いてある借用証書ともいえます。国のほかにも地方自治体が発行する「地方債」や一般の事業法人が発行する「事業債（社債）」などがあります。もし発行体が破綻してしまうと利息が支払われず、元本（額面金額）を返してもらえない可能性があります（これを信用リスクという）。

一方、無事に満期を迎えると、元本は一括して戻ってきます。つまり満期まで保有すれば額面金額をそのまま受け取ることができ、保有している間に受け取った利息が利益ということになります。債券は満期前に市場で売買することもできます。その場合には市場の需給によって価格が変動することに注意しましょう。需給は、「今後の金利動向」や「景気の先行き」を見越して変化します。

詳しくみていきましょう。

⑴ 「今後の金利動向」による価格の変動

端的にいうと、債券価格はこれから金利が上がりそうか、下がりそうか、という投資家の予測によって変動します。

例えば、目の前に額面 100 円当たり２％の金利がつく債券があるとします。投資家たち（市場全体）が、「今後、金利は下がるだろう」と予測するなら、２％の債券は金利が高く魅力的なので、市場で売却すれば高い価格で取引されます。では、反対に、「今後、金利は上がっていく」と予測するならどうでしょうか？　先ほどの２％の債券は見劣りし、売却する時は値段を下げなければ買い手が見つからないでしょう。つまり、債券価格は下落していくというわけです。

このように、債券は今後の金利がどうなるかという投資家たちの予測、つまり市場をどうみるかによって価値が上下に変動するのです。

⑵ 「景気の先行き」による価格の変動

株式は景気の鏡ともいわれ、一般に、株価は、景気の６ヵ月くらい先を予測して推移するといわれています。

世の中で悪いニュースが聞こえてくると投資家たちは、これから企業業績が悪化するのではないかと不安になり株式を売却します。売却した資金はできるだけ安全に運用したいと考えて、株式よりもリスクが低い債券を購入するという行動をとる傾向があります。つまり、先々の景気が不安視されるときには、債券を買いたい人が増えるので価格が上がり、反対に景気の見通しが明るいときには、債券から株式に資金が流れるため債券価格が下落する傾向にあります。日々、主要国の株式市場や債券市場の動向をチェックする時、価格の変動だけでなく、「投資家たちがどうみているから株式や債券が上下」したかという背景も合わせて知っておくと、投資信託の基準価額の変動について、お客様にしっかり説明できるようになります。

❹ 投資信託の運用スタイル

投資信託は設定するときに、あらかじめ運用スタイルや投資方針を決めています。

運用スタイルは、パッシブ運用とアクティブ運用の２パターンです。それぞれの違いや運用コストについてみていきましょう。

◆パッシブ運用とアクティブ運用

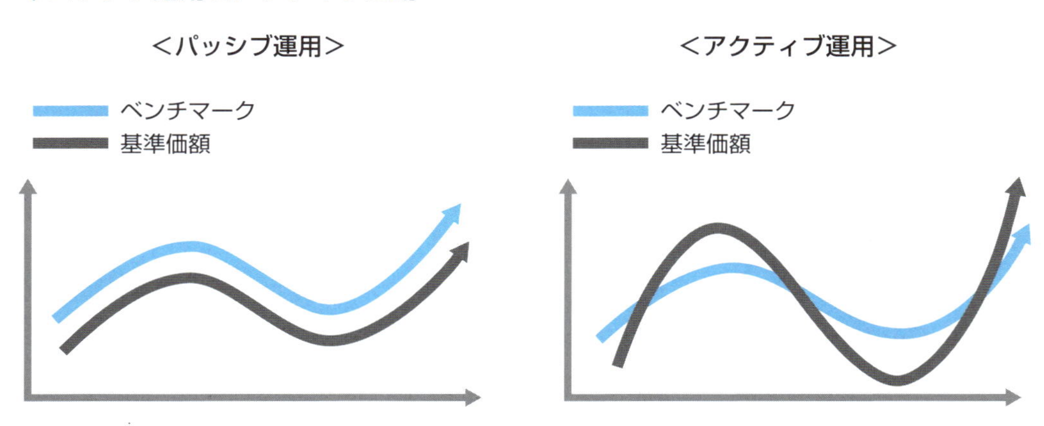

(1) パッシブ運用

パッシブとは「受動的な」「活動的でない」という意味があります。パッシブ運用は、市場の動きをそのまま受け入れ、市場平均と同じ動きとなるよう運用するスタイルをいいます。例えば、国内の株式相場が上昇したとき、「国内株式型のパッシブ運用の投資信託」なら同じくらいの割合で基準価額が値上がりします。このようにパッシブ運用では運用の物差しとなるものをあらかじめ決めておき、それに連動するように運用されますが、この物差しのことをベンチマークといいます。よく使われるベンチマークには日経平均株価やTOPIXといった指数があります。また、指数（インデックス）に連動することからインデックス運用ともよばれ、“○○インデックスファンド”のように指数連動タイプであることがわかるような名前がつけられているものも多くあります。

◆ベンチマークの例

	指数	内容
日本株式	東証株価指数（TOPIX）	東京証券取引所第一部上場の全銘柄の時価総額の動向を示す株価指数
	日経平均株価	東京証券取引所第一部上場銘柄のうち日本経済新聞社が選んだ225銘柄の平均株価（修正平均株価）
外国株式	MSCIコクサイ・インデックス（円ベース）	日本を除く先進国の株式市場の動向を示す株価指数
	MSCIオールカントリー・ワールド・インデックス（円ベース、除く日本）	日本を除く世界（先進国・新興国）の株式市場の動向を示す株価指数
	MSCIエマージング・マーケット・インデックス（円ベース）	新興国24ヵ国の株式市場の動向を示す株価指数
日本債券	NOMURA-BPI総合指数	日本の公募債券流通市場（国債、地方債、政府保証債、金融債、事業債、円建て外債等）の動向を示す投資収益指数
外国債券	シティグループ世界国債インデックス	世界の主要先進国と新興国の一部の国債市場の動向を示す投資収益指数
	JPモルガン・エマージング・マーケット・ボンド・インデックス・プラス	新興国の債券市場の動向を示す投資収益指数

⑵　アクティブ運用

アクティブ運用は、ベンチマーク以上の利益を目指し積極的に運用するスタイルです。銘柄を厳選するためパッシブ運用より投資する銘柄数が絞り込まれているのが特徴です。その銘柄を選ぶ方法として、「トップダウン・アプローチ」と「ボトムアップ・アプローチ」があります。

トップダウン・アプローチとは、経済環境などのマクロ経済の動向から国や地域への投資比率を決め、さらには業種の絞り込みを行い銘柄選定につなげていく方法をいいます。まずは空の上から地球を眺めて、今後期待できそうな国や地域、業種、そして銘柄へとどんどん絞り込んでいくイメージです。

一方、ボトムアップ・アプローチは、ボトムスを履く時のように下から上へと引き上げるイメージで、具体的には、個別企業の調査や分析を行っていき銘柄を1つずつ積み上げ、投資対象を決める方法です。その個別企業の調査や分析の方法として、企業の成長性を重視し選定する方法を「グロース運用」といい、企業の価値と株価水準を比較して割安であると判断される銘柄を選定する運用を「バリュー運用」といいます。

◆投資信託の運用スタイル

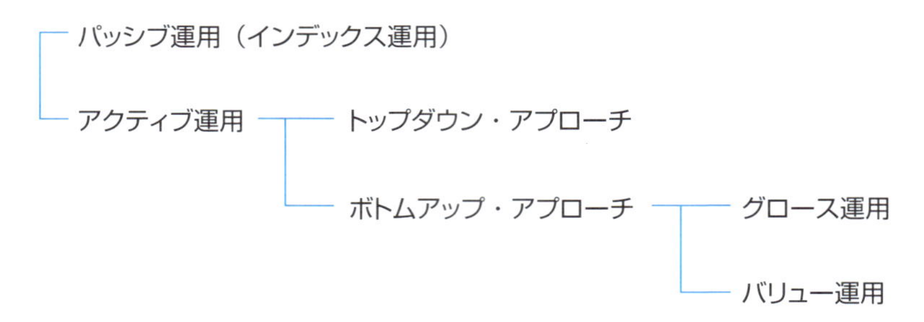

2 投資と投機の違い

日本人の中には、投資を「投機＝ギャンブル」と勘違いしている人も少なくありません。国別の「家計の金融資産構成」によると、日本人は、金融資産のうち現預貯金や保険での保有が80％超であるのに対し、株式や投資信託は15％程度なのがわかります。一方、米国では、約半分が株式や投資信託で運用している状況で違いは歴然です。これは、子どものころから投資を学ぶ機会がなく、お金は一生懸命働いて手にするものだという意識が根強いことなどが要因ではないかと考えられます。

お勧めしているのは、投機（ギャンブル）ではなく、将来のための投資です。つまり、資産形成であるということをお客様にしっかりと理解していただくことが大切です。投機（ギャンブル）は、タイミングをうかがいながら売ったり買ったりして利益を上げようとする行為ですが、投資は長期的視点で資産をじっくり育てていくものです。少子高齢化が進み、公的な保障が縮小されることを覚悟しなければならない環境のなか、「低金利の預貯金だけで将来を支えていくことは難しい」ということをお客様にお伝えするのも金融機関行職員の重要な役割です。同時に、投資信託を通じて株式や債券に投資することは、企業や国の発展を陰で支える大きな力となることも伝えていきたいところです。

◆家計の金融資産構成

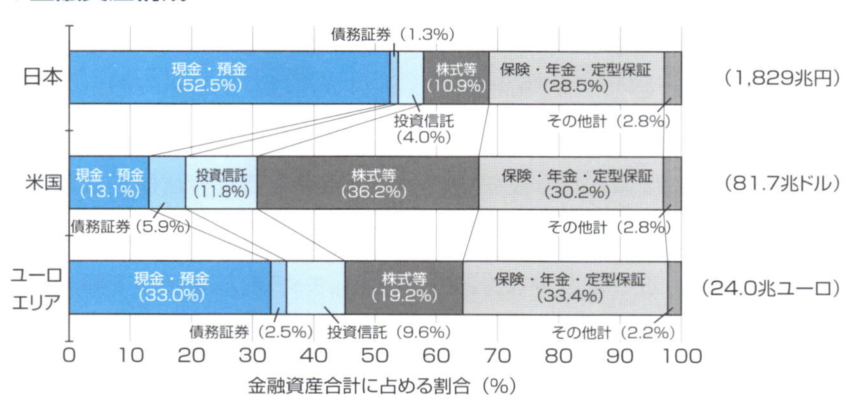

＊「その他計」は、金融資産合計から、「現金・預金」、「債務証券」、「投資信託」、「株式等」、「保険・年金・定型保証」を控除した残差。

（出所）日本銀行調査統計局「資金循環の日米欧比較」（2018年8月14日）

3 口数と基準価額、分配金とは

❶ 口数と基準価額

投資信託の取引単位は口数であらわされ、１口当たりの価額は、次の計算式で求められます。

純資産総額＊　÷　総口数　＝　基準価額（１口当たりの価額）
＊ファンドに組み入れられている株式や債券などの資産の時価総額のこと

このように、投資信託の１口当たりの値段を基準価額といい、設定時は、通常１口１円でスタートします。基準価額は、１万口当たりの値段で公表されますが、株式のようにリアルタイムではなく、１日１回、前営業日の基準価額が公表されます。つまり、購入時には、基準価額がいくらのものを購入したかはわからず、後日確認することになります。

金融機関の窓口で販売される投資信託は、追加型（オープン型）といういつでも購入できるものが主流のため、購入した時期が異なれば取得単価（基準価額）は異なります。投資家ごとに異なる取得単価を個別元本といい、同じ投資信託を複数回購入すると個別元本は変動します。

また、国内資産と海外資産とでは市場の取引時間にタイムラグがあるため、購入価額が基準価額に反映される日が異なります。国内資産が投資対象のファンドは、申し込み当日の市場取引を受けた基準価額です。海外資産は、申し込みの日の夜（日本時間）などに行われる市場取引を受けて、翌営業日（または翌々営業日）に基準価額に反映され、それが購入価額になります。これらは目論見書（投資信託説明書）の「手続き・手数料等」欄で確認できます。資産形成のための投資であっても、今日は安いから購入しようと考えることも少なくありません。いつの基準価額で購入できるかはあらかじめ確認しておくことが必要です。

❷ 分配金

投資信託にはそれぞれ決算期が設けられており、決算の都度、あらかじめ定められた分配方針に基づき運用会社が判断します。分配金は「１万口あたり○円」と計算され、評価益の有無に関係なく受益者（投資家）すべてに支払われます。

分配頻度は、毎月、２ヵ月、１年など様々なものがあるため、お客様の投資目的などを考慮しながら提案したいところです。例えば、毎月分配型はリタイア世代などに根強い人気です。これは、年金以外の収入源や、資産を長持ちさせるために預貯金以外のものを望まれるなどのケースがあるためです。ただ、前述のように分配金は評価益の有無に関係なく支払われる、つまり、投資額が増えていない（利益が出ていない）のに元本を取り崩して分配されることもあるため、お客様が仕組みを理解できるよう丁寧に説明する必要があります。反対に、これから将来に向けて資産を増やしたい現役世代などは、できるだけ分配金が出ないタイプが効率的です。もちろん、分配金を受け取らず再投資することもできますが、評価益が出ている（利益が出ている）場合は税金を引かれた後の金額を再投資するため運用の効率は悪くなります（分配金の詳細はP 27、28）。

4 投資信託商品の具体例

投資信託は、投資対象によっていくつかの種類があります。

◆投資信託の主な投資対象

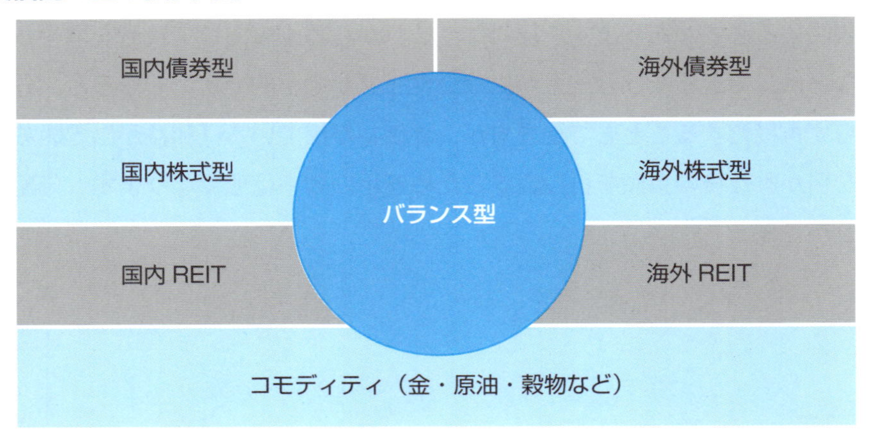

❶ 高いリターンを狙うなら「株式型投資信託」

株式型投資信託は、インフレに強いとされる株式に投資をするもので、ハイリスク・ハイリターンの代表格です。市場全体に広く投資をするパッシブ運用のほか、グロース株やバリュー株、高配当株やAI、自動運転技術、ヘルスケア、バイオ、原油関連株などに注目したテーマ型などのアクティブ運用タイプがあります。

⑴ 国内株式型投資信託

日本の株式を投資対象とする投資信託で、上記のカテゴリー以外にも中小型株に限定したものや、社会に対する責任や貢献を重視する企業に投資するSRI投資信託などもあります。

⑵ 外国株式型投資信託

日本以外の国の株式に投資する投資信託ですが、世界中の株式市場に投資するもののほか、米国、欧州、アジア、オセアニア、新興国など、特定の国や地域に投資をするものがあります。為替の影響を受けるため国内株式型と比較してリスク・リターンが高いという特徴があります。新興国は成長が期待できる国々ですが、政治や経済が未成熟である場合が多いことから変動が大きく、また先進国の景気等の影響を受けやすい傾向があります。

❷ 安定的な収益を狙うなら「債券型投資信託」

債券は、一般に株式と比べてリスクが小さい資産で、安定的に利息が受け取れるのが魅力です。リスクを抑えたいというお客様には債券型投資信託を中心に提案するとよいでしょう。

⑴ 国内債券型投資信託

日本の国債や社債に投資をする投資信託です。今は、日銀の金融政策でマイナス金利を導入しているため市場金利が低く抑えられており利息収入はあまり期待できませんが、リスクを抑えた運用をしたいという投資初心者には始めやすい商品です。

債券型投資信託には、公社債投資信託という短期の公社債を中心に運用する投資信託があり代表格はMMFやMRFです。これらはリスク商品ですが、原則として元本割れをしないように設計されており、特にMRFは証券会社での資金プール口座として使われています。国内のMMFは、2016年1月に日銀がマイナス金利を発表し、その後導入となった影響で運用を維持することが難しくなり、取り扱いは事実上なくなりました。

⑵ 外国債券型投資信託

日本以外の国の国債や社債に投資する投資信託です。日本より金利の高い国が多いため、それらの国の債券に投資すれば利息収入が期待できますが、為替リスクを伴うため注意が必要です。為替の動向によっては、受け取る利息を加えても投資額を下回ってしまう可能性があります。債券の発行元の信用力が高い「高格付け債券ファンド」や、格付けは低いがその分高金利が狙える「ハイイールド債ファンド」「新興国債券ファンド」など国内債券型に比べバリエーションが豊富です。

◆投資信託のリスク・リターンのイメージ

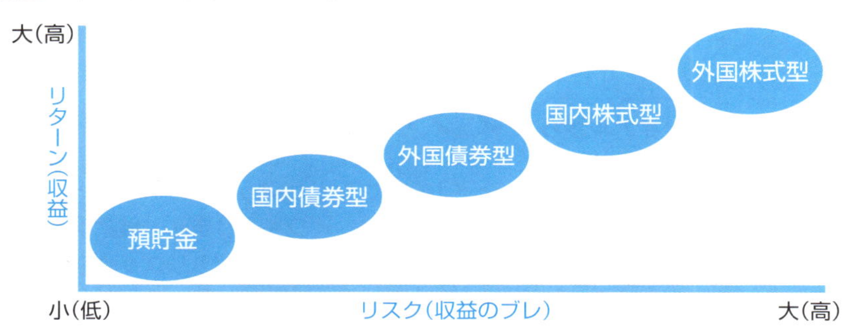

❸ 分散投資をプロに任せる「バランス型ファンド」

投資のリスクを抑える方法として効果的といわれているのは、株式や債券などに投資対象を分散することです。バランス型投資信託は、いろいろな資産に分散して投資する仕組みなので、分散の割合や組み合わせをプロにお任せできます。オーソドックスなのが国内外の債券と株式に分散する方法ですが、その割合などは商品によってあらかじめ決められていますので、お客様の意向に沿ったリスク・リターンのものを選ぶことができます。また、株式や債券だけでなく、REIT（不動産投資信託）や金・原油などのコモディティ等様々な資産に投資するものや、投資環境の変化に応じて株式や債券の比率を機動的に変化させるものなど、いくつものタイプがあります。

分散投資をする方法として、「株式型投資信託」や「債券型投資信託」を自分で組み合わせて購入することもできます。ただ、その場合投資家は、複数のファンドを管理せねばならず、投資に不慣れな人や出来るだけシンプルに投資をしたい人などには、ハードルが高くなってしまいます。また、一度に複数の投資信託を購入するのは、それぞれの商品を理解して選択しなければなりませんし、保有している間の管理も大変です。

バランス型ファンドなら、１つ購入するだけでいくつかの投資対象に分散投資ができますので、手間がかからないというわけです。

バランス型が初心者に向いている理由はまだあります。それは、上昇している資産や下落している資産の合計が基準価額なので、値動きが緩やかになる傾向があります。個別ファンドで分散している場合、「下がっているファンドは売却したほうがいいのではないか」という投資初心者が陥りやすい気持ちの揺れを軽減させることができます。

また、自動的に「リバランス」をしてくれるという利点もあります。リバランスとは、どのようなものでしょうか。分散投資で運用をしていくとき、例えば株式が大きく上昇しているときは、当初の資産配分に比べ株式の割合が高くなり（＝リスク選好

投信販売のプロフェッショナルから　プラスワン

バランス型ファンドの中には、ターゲットイヤーファンドといって、目標（ターゲット）とする時期を定め徐々にリスクを抑えながら運用してくれるタイプもあります。資金が必要になる時期に近いターゲットイヤーファンドを選んでおけば、時間の経過に伴うリスク許容度の変化についてのメンテナンスも必要ありません。

◆リバランスの流れ

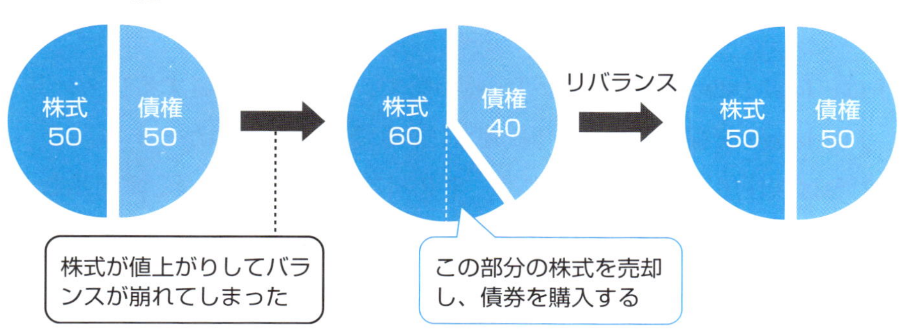

度が高くなり）分散のバランスが崩れてしまうということが起こります。その場合は、株式を一定数売却し、債券を買い足し全体の比率を元に戻すことで当初の運用方針にそった投資ができます。このように元の配分に整えることをリバランスといいます。バランス型ファンドの場合は、専門家が定期的にメンテナンスをしてくれるのです。

いくつかのファンドを組み合わせて投資をしている場合、人によっては、下落しているファンドを売却し、上昇しているファンドを買い足そうという心理がはたらきます。これは行動経済学で代表性バイアス（買った値段より上がったから今後も期待できる、買った値段より下がったから手放したほうがよい、という直近の状況が続くと考えてしまう心理状態のこと）というものですが、株や債券のように異なる動きのものを組み合わせるという分散投資の本来の意味合いからみると、逆の行動をするべきです。値上がりによって割合が高くなってしまったら、それを一部売って値下がりした資産を買い元の割合に戻すというリバランスをするのが正解です。

バランス型ファンドが最良とはいうわけではありませんが、１つの考え方として参考にするとよいでしょう。反対に投資の勉強をしていきたい人は、投資対象を株式や債券などの資産ごとにしている投資信託をもち、リバランスをしながら運用を続けるほうが、マーケットの変化によってどの資産がどんな影響を受けるかを肌で感じることができます。

投信販売のプロフェッショナルから　プラスワン

ファンド・オブ・ファンズとは、複数の投資信託に投資している投資信託のことをいいます。そもそも分散投資されている投資信託自体に複数投資するので、より多くの銘柄を保有できるのがメリットです。デメリットとしては、信託報酬がそれぞれの投資信託で発生するためコストが割高になります。

❹ 不動産投資信託（J-REIT）

REIT（リート）は、Real Estate Investment Trust の略で、不動産に投資するファンドをいいます。J は Japan を意味し、対象不動産が国内にあることがわかります。

投資対象は居住用不動産や商業施設、オフィスビル、物流施設、ホテルなどです。その施設を利用する人からの賃料が主な利益になりますが、不動産そのものの値上がりによって利益が出ることもあります。利益の９割超を投資家に還元すると法人税が非課税になるという税制が適用されるため、分配金が高いというメリットがあります。

また、他の投資信託との大きな違いは、投資信託自体が証券取引所に上場していることです。つまり、株式のように時々刻々と取引されており、不動産自体の価格だけでなく REIT の需給にも価格が左右されます。

証券会社以外の金融機関では、REIT そのものを販売することはありませんが、ファンド・オブ・ファンズとして“複数の REIT に投資している投資信託”がよく販売されています。お客様から「REIT に投資をしている」と聞く場合は、REIT そのものではなく、それらに投資している投資信託であるケースが多いので、その可能性も視野に入れヒアリングをしていきましょう。

❺ コモディティ型投資信託

コモディティとは、原油やガソリンなどのエネルギーや、金やプラチナなどの貴金属、小麦やトウモロコシなどの穀物といった「商品」を指し、その商品を投資対象とするのがコモディティ型投資信託です。伝統的資産である株式や債券の代わりとなる新しい投資対象や投資手法を取り入れたオルタナティブ投資の１つとして注目されています。

中でも希少価値が高い「金」は、世界経済の先行き不安が高まると資金の逃避先として買われる（価値が上がる）傾向にあり、リスク分散の一役を担うとされています。

投信販売のプロフェッショナルから　プラスワン

コモディティの市場は、海外での取引が中心となっています。つまり、コモディティ型投資信託は、海外資産に投資することになるため、商品価格の変動だけでなく為替変動リスクを伴うことも押さえておきましょう。

❻ 通貨選択型ファンド

2009年頃から急激に設定されるようになった通貨選択型ファンドは、株式や債券など投資対象の資産から得られる利益に加え、為替取引をすることで大きな利益を狙っていくという2階建ての設計がされている投資信託です。外国為替取引でどの国の通貨にするか選択できるため“通貨選択型ファンド”と呼ばれます。少し複雑な仕組みのため詳細を確認していきましょう。

ここでは、米国債で運用する投資信託を例に一般的な投資信託との違いを比較していくことにします。

まず、一般的な米国債の投資信託は、債券による利息収入や債券自体の評価損益などが基準価額に影響します。それに加え、ドル建て資産のためドルと円の為替取引の影響も受けるわけです。

一方、通貨選択型ファンドは、さらにドル建て債券の「ドル」と他の通貨との為替取引をする仕組みがついています。なぜわざわざ為替取引をするかといえば、ドルより短期金利が高い通貨を保有していると金利差に相当する収益（プレミアム）を受け取れるメリットがあるからです。為替取引の対象となる短期金利が高い通貨としては、豪ドルやブラジルレアル、トルコリラ、中国元などがあげられます。逆に、短期金利が低い通貨を保有すると金利差に相当する支払い（コスト）が発生します。ここでは、ドル建てを例に説明しましたが、ユーロ建て、円建ての場合も同様です。

通貨選択型ファンドの投資メリットは以下のような点です。

通貨選択型の投資メリット

① 債券や株式などの投資対象資産の値上がり益や利子・配当が期待できる
② 外国為替取引をすることによるプレミアムが受け取れる
③ 取引対象通貨（選択した通貨）に対し為替レートが、取引対象通貨高、円安となった場合に為替差益が得られる

一方で、もし①債券や株が値下がりし、②外国為替取引でコスト（金利差相当の支

投信販売のプロフェッショナルから　プラスワン

長期的視点でコア（核）となるファンドを保有し、その周りにサテライト（衛星）としてのファンドをもつコアサテライト戦略という投資手法があります。コア部分は株式や債券などのインデックスファンドを中心に、サテライト部分はREIT、金や原油などのコモディティ、バイオやヘルスケア、AIなどのようなテーマ型ファンドを含むアクティブファンドをいいます。

◆「通貨選択型ファンド」と「一般的なファンド」のちがい

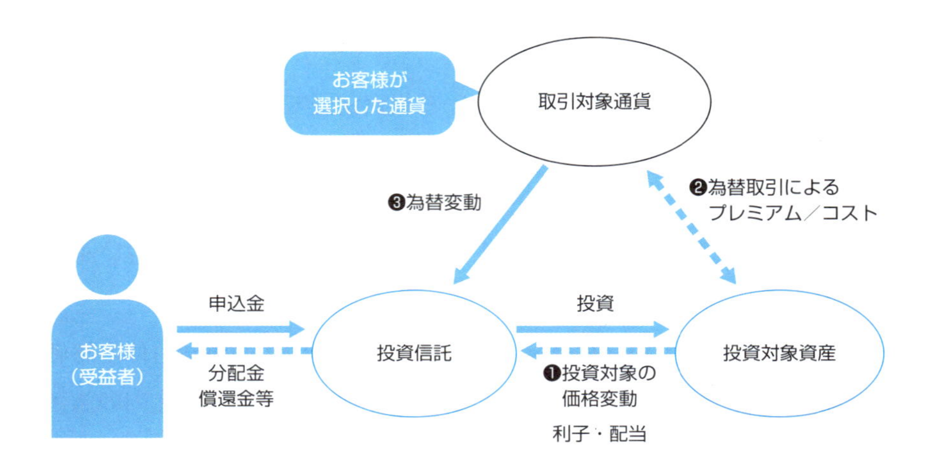

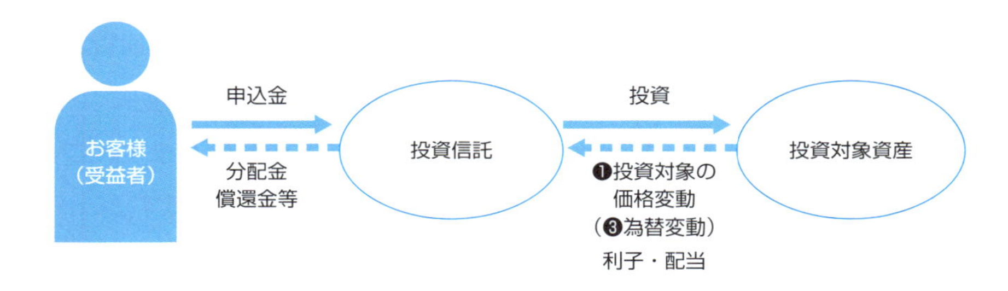

払い）が発生し、③取引対象通貨に対し円高になった場合、は損失につながります。つまりハイリスク・ハイリターンの商品であるということを覚えておきましょう。

❼ ETF（上場投資信託）

Exchange Traded Funds の略で、証券取引所に“上場”している“投資信託”という意味です。J-REIT と同じく株式のようにリアルタイムで売買できます。インデックスに連動する投資信託で、日経平均株価や TOPIX のほか先進国、新興国の株式や債券、商品など様々な指数に連動するものがあります。一般的な投資信託に比べコストが安い点が魅力ですが、最近はローコストの投資信託も増えているため大きな差はなくなってきました。

その他に、ETN（Exchange Traded Note）というETFに似た指数連動の投資信託もあります。投資資産の裏付けがあるETFとは違い、発行体の信用力を基に設定されているため現物資産の保有が難しいトウモロコシや大豆、外国人には市場開放されていない新興国株式などへの投資も可能です。

投信販売のプロフェッショナルから プラスワン

外国の資産に投資するファンドは、通常、為替リスクを伴いますが、「為替ヘッジ」といって為替予約をして為替による基準価額への影響を回避する機能が備わっているファンドもあります。しかし、ヘッジコストがかかることや、円安時の恩恵が受けられなくなるため一長一短です。

5 目論見書（投資信託説明書）の読み方

家電量販店で電化製品を購入するとき、どうやって商品選びをしていますか？　まずは、備え付けのパンフレット（取扱説明書）を見たり、店員から説明を受けたりしますよね。これと同じで投資信託にも取扱説明書があり、これを目論見書といいます。目論見書は、「交付目論見書」と「請求目論見書」の２種類があります。販売の際にお客様にあらかじめ、または、同時に交付しなければならないのが「交付目論見書」で、その投資信託の特徴や投資リスクなど商品の全体像がイメージ図や表などを使いながら視覚でも理解しやすいように工夫されたものです。金融商品取引法でお客様に交付することが義務付けられています。これに対し「請求目論見書」は、請求があった時にだけ交付すればよく、ファンドの情報が細かく記されており、交付目論見書に比べて文字ばかりで分厚いものです。投資信託をお客様に提案するときは、交付目論見書に十分目を通し、類似ファンドとの違いを知っておくとよりわかりやすく説明できるようになります。それでは、交付目論見書の内容を確認していきましょう。

❶ 表紙

投資信託のイメージを伝える写真やイラストが載っていることが多いようです。そこには、大きく投資信託名や運用会社名が書かれています。投資信託の名前だけで何に投資するのかわかるものも多く、愛称がついている場合もあります。思いが込められたネーミングになっていることもあるので運用会社に確認してみると、お客様に商品イメージが伝えやすく親近感をもってもらえる場合があります。

また、名前の下には、商品分類として申込期間が限定されている単位型か、いつでも購入できる追加型かの区別、投資対象地域、投資対象資産、インデックスかアクティブかなどの投資形態が記されています。このように、表紙だけでもある程度ファンドの特徴を知ることができます。

◆交付目論見書イメージ図

投資信託説明書（交付目論見書）

日経 225 インデックスファンド

追加型投信／国内／株式／インデックス型

（委託会社名）

〇〇アセットマネジメント

上記の場合、「国内の株式に投資し、いつでも追加購入が可能なインデックス運用」の投資信託であることがわかります。名前に「日経 225」とあるためベンチマークは、日経平均株価です。

次ページには、これらを含む商品分類や属性区分などがまとめられています。

◆商品分類、属性区分の記載例

商品分類				属性区分				
単位型・追加型	投資対象地域	投資対象資産（収益の源泉）	補足分類	投資対象資産	決算頻度	投資対象地域	投資形態	対象インデックス
追加型	国　内	株　式	インデックス型	その他資産（投資信託証券（株式 一般））	年1回	日本	ファミリーファンド	日経225

❷ ファンドの目的や特色について

投資対象の資産は何なのか、どのように運用するのか、また分配頻度などの投資方針が記載されています。

◆ファンドの目的・特色の記載例

ファンドの目的・特色　日経 225 インデックスファンド

ファンドの目的

日本の株式に投資し、長期成長をとらえることをめざします。○○○○○
○○○○○○○・・・・・・・・・・・・・・・・・・・・

ファンドの特色

・日経平均株価に連動する投資成果を目指します。○○○○○○○○○○
○○
・毎年、○月○日に決算を行い、収益分配方針に基づき収益の分配を行います。○○○○○○○○○○○○○
・○○○○○○○○○○○○○・・・・・・・・・・・・・・・・・・・

上記例の「ファンドの目的」部分を見ると、長期的な日本の経済成長を期待しながら国内株式に投資をする投資信託であることがわかります。

「ファンドの特色」部分からは、日経平均株価に連動すると示されているようにインデックス型（パッシブ型）だということもわかります。また、年に 1 回決済が行われ分配金が決められる投資信託であることも読みとれます。

❸ 投資リスクについて

ファンドに内在しているリスクが記されています。お客様が、基準価額の変動要因をしっかり理解していれば、基準価額の変動に対して過剰な不安を感じることなく資産運用に向き合うことができます。リスクの種類は特に丁寧に説明しましょう。

⑴　価格変動リスク

株式や債券などの投資対象資産が、市場の需給などにより価格が変動することをいいます。市場の需給は、日本や外国の政治、経済、企業業績などの影響を受けます。

⑵　金利変動リスク

市場の金利水準の変化によって、投資資産の価値が変動することをいいます。特に債券は、金利の影響を大きく受けます。本来、債券は償還（満期）までに支払われる利子（金利）があらかじめ決まっていますが、満期まで保有せず途中で、売買することも可能です。例えば、発行されたときよりも市場金利が上昇していれば、その債券は魅力が薄れて価格が下がりますし、反対に市場金利が下落していれば価格は上がります。

また、同じ債券でも、満期までの期間が長いものほど金利の影響が長期に及ぶため、価格に与える影響は大きくなります。これは図のようなシーソーをイメージするとよいでしょう。図は、金利上昇時の例ですが、金利低下時も同様の理屈となります。

◆金利上昇時の債券価格変動のイメージ図

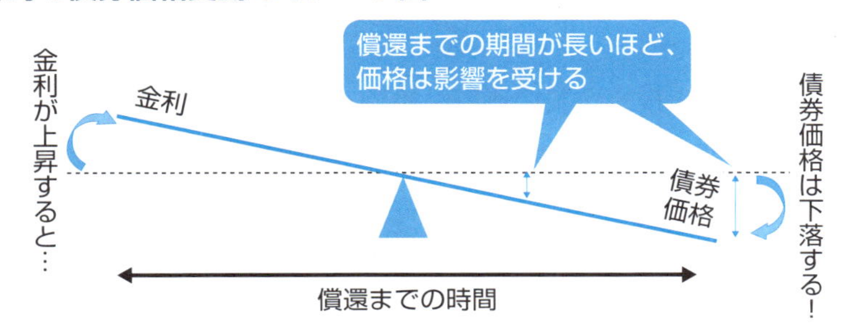

⑶　為替変動リスク

為替レートの変動をいいます。投資信託で外貨建て資産に投資する場合、外貨に対して円高になれば基準価額にはマイナスの要因となり、円安になればプラスの要因となります。

⑷　カントリーリスク

外国に投資をする場合、投資先の国の政治や経済情勢に混乱が起こったときに取引所が閉鎖されるなどによって資金が回収できなくなる可能性があります。国ごとにそれぞれ特有の事情がありますが、政治や社会不安、インフレ、テロ、ストライキ、内乱、紛争、制度変更、外資規制の変化などによる影響が考えられます。

⑸　信用リスク

債券の発行元である国や企業の財務状況が悪化し、破綻状態になる可能性があることをいいます。最悪の場合には、支払われるはずの利子や償還金を受け取ることがで

投信販売のプロフェッショナルから　プラスワン

リスク＝損失、リターン＝利益ではありません。投資をするうえでのリスクとは、資産価値の「ブレ」を指しており、「上にブレる」と「リターンはプラス」となり「下にブレる」と「リターンはマイナス」になります。つまりリスク（ブレ）があるからこそリターンが得られ、それはプラスになったりマイナスになったりするというわけです。リスク＝損失＝危ないなどと勘違いしないよう正しく伝えることが重要です。

きなくなってしまいます。クレジットリスク、デフォルトリスク（債務不履行リスク）とも呼ばれ、実際に破綻しなくても、財務状況への懸念が出てくると不安が高まり債券の価格が下落することがあります。

(6) 流動性リスク

市場規模が小さい、または、取引高が少ない株式や債券を売買する場合、取引が成立しない、または、適正価格で売買できず不利益を被る可能性があります。

❹ 運用実績について

当該ファンドの設定来投資信託の運用が始まってからの運用実績が確認できます。基準価額や純資産総額の推移、分配金の状況などがわかり、現在の投資比率や組入上位銘柄なども確認できます。

❺ 手続き・手数料等

投資信託の運用コストとなる、購入時手数料、運用管理費用（信託報酬）、信託財産留保額について記載されています。その他に、購入や換金時の単位や価額、信託期間や繰上償還、決算日などファンドの詳細が明記されています。

6 月次レポート

運用会社が発行している月次レポートは、ファンドの運用状況を把握するのに活用できます。より詳しい内容を知るためには運用報告書のほうが役立ちますが、月次レポートは、毎月新しい情報を素早くチェックできるので便利です。最近のマーケット動向や、それにより基準価額がどのような影響を受けたかなども文章で簡潔に説明してあるため、事前に読んでおくとお客様対応で役立ちます。最新のものがウェブですぐに確認できるため、提案時に活用するのもよいでしょう。

◆月次レポート（サンプル）の記載例とポイント

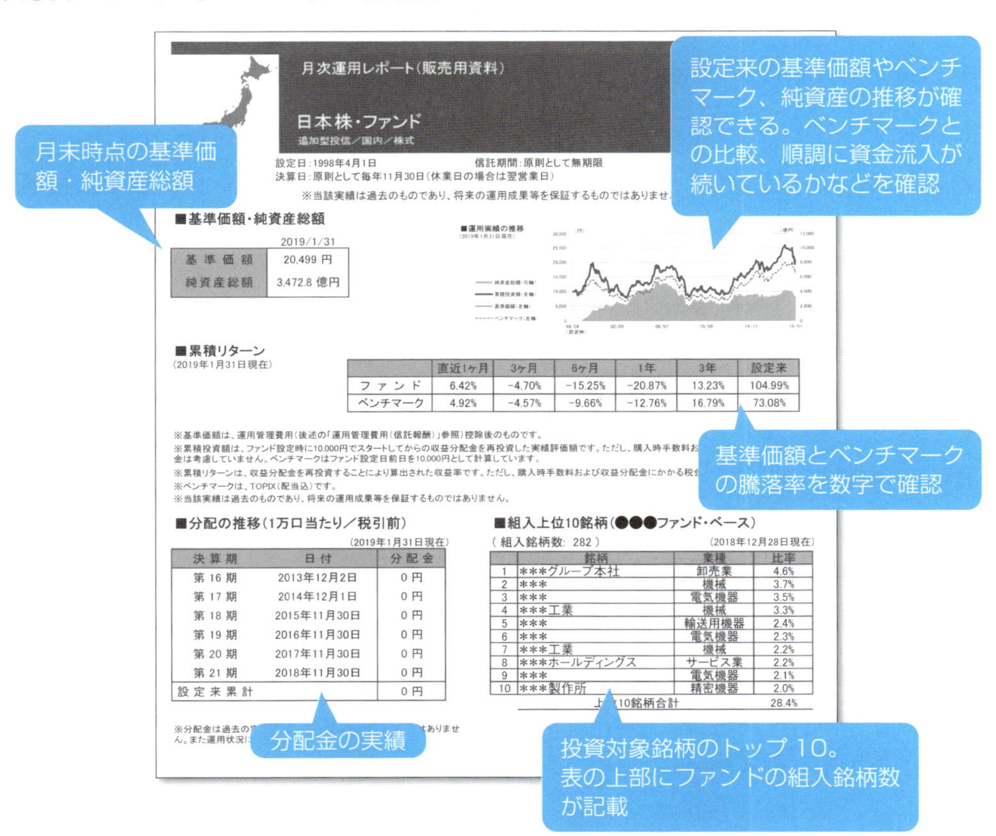

月次運用レポート（販売用資料）

日本株・ファンド
追加型投信／国内／株式

設定日：1998年4月1日　　信託期間：原則として無期限
決算日：原則として毎年11月30日（休業日の場合は翌営業日）

※当該実績は過去のものであり、将来の運用成果等を保証するものではありませ

■基準価額・純資産総額

2019/1/31

基準価額	20,499 円
純資産総額	3,472.8 億円

■運用実績の推移
（2019年1月31日現在）

■累積リターン
（2019年1月31日現在）

	直近1ヶ月	3ヶ月	6ヶ月	1年	3年	設定来
ファンド	6.42%	−4.70%	−15.25%	−20.87%	13.23%	104.99%
ベンチマーク	4.92%	−4.57%	−9.66%	−12.76%	16.79%	73.08%

※基準価額は、運用管理費用（後述の「運用管理費用（信託報酬）」参照）控除後のものです。
※累積投資額は、ファンド設定時に10,000円でスタートしてからの収益分配金を再投資した実績評価額です。ただし、購入時手数料お
金は考慮していません。ベンチマークはファンド設定日前日を10,000円として計算しています。
※累積リターンは、収益分配金を再投資することにより算出された収益率です。ただし、購入時手数料および収益分配金にかかる税
※ベンチマークは、TOPIX（配当込）です。
※当該実績は過去のものであり、将来の運用成果等を保証するものではありません。

■分配の推移（1万口当たり／税引前）

（2019年1月31日現在）

決算期	日付	分配金
第 16 期	2013年12月2日	0 円
第 17 期	2014年12月1日	0 円
第 18 期	2015年11月30日	0 円
第 19 期	2016年11月30日	0 円
第 20 期	2017年11月30日	0 円
第 21 期	2018年11月30日	0 円
設定来累計		0 円

※分配金は過去の　　　　　　　　　　　　ありませ
ん。また運用状況に

■組入上位10銘柄（●●●ファンド・ベース）

（組入銘柄数: 282）　　（2018年12月28日現在）

	銘柄	業種	比率
1	***グループ本社	卸売業	4.6%
2	***	機械	3.7%
3	***	電気機器	3.5%
4	***工業	機械	3.3%
5	***	輸送用機器	2.4%
6	***	電気機器	2.3%
7	***工業	機械	2.2%
8	***ホールディングス	サービス業	2.2%
9	***	電気機器	2.1%
10	***製作所	精密機器	2.0%
	上[illegible]10銘柄合計		28.4%

7 税の取扱いなど

窓口で取り扱うファンドは公募株式投資信託が主流のため、ここでは主に株式投資信託にかかる税金について確認します。

投資信託の収益は、「売却益（譲渡益）」と「分配金」の２種類があります。投資家は、１月から 12 月の１年間に得られた売却益（譲渡所得）や分配金（配当所得）に対して税金を負担します。

❶ 売却益は「譲渡所得」

⑴ 譲渡所得と損益通算

売却益（譲渡益）は、本来、確定申告が必要で申告分離課税の対象となります。原則、申告分離課税とは、「確定申告をする際に、給与などの他の所得とは分離して個別に課税する」というもので、税率は一律 20％（所得税 15％、住民税５％）です。それに加え、現在は 2037 年 12 月末まで、東日本大震災の復興を目的とした復興特別所得税 0.315％（所得税額× 2.1％）が上乗せされます。

売却損が生じた場合は、その取引自体に税金はかかりませんが、他の公募株式投資信託や上場株式などの売却益などがあれば、これらの利益から損失分を差し引いて税金を計算する「損益通算」の適用が受けられます。

このように株式投資信託を売却した場合、原則として確定申告をする必要がありますが、金融機関で開設する口座の種類によっては、税金の申告・取扱いを簡略化することができます。

⑵ 「一般口座」と「特定口座」

投資信託を購入するために金融機関で口座開設をするとき、一般口座か特定口座のどちらかを選択します。一般口座は、前述の原則どおり、お客様自身が１年間の取引を計算し、申告・納税まですべて行わなければならない口座です。一方、特定口座は、確定申告を金融機関がサポートしてくれる口座です。さらに「源泉徴収あり（源泉徴収口座）」と「源泉徴収なし（簡易申告口座）」が選べますが、源泉徴収ありの場合は、１年間の取引を計算→申告→納税まですべて金融機関が行ってくれます。源泉徴収なしの場合は、１年間の取引を計算しまとめてくれますが、申告や納税は自分でしなければなりません。基本的に投資家は何もする必要がなく手間がかからないため「特定口座」の「源泉徴収あり」を選ぶ方が大半です。

また、特定口座内での複数の取引で利益と損失がある場合は、自動的に損益通算を

◆一般口座と特定口座

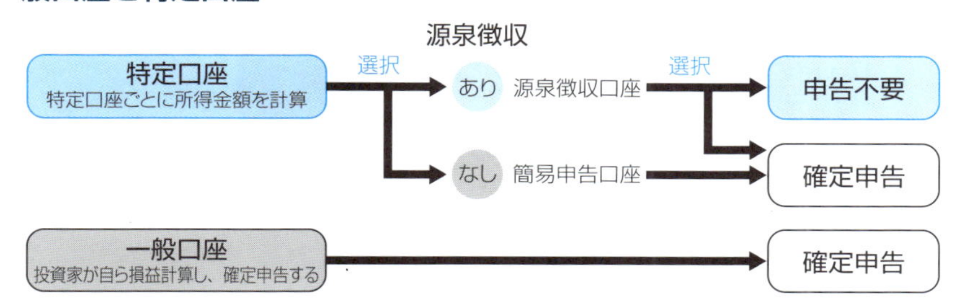

してくれます。ただし、金融機関Ａで100万円の利益があり、金融機関Ｂで60万円の損失が出た場合など複数の金融機関で損益がある場合は、確定申告によって損益通算を行います。それでもなお通算しきれない損失がある場合は、翌年以降３年間繰り越すことができます。

❷ 分配金は「配当所得」

投資信託の分配金は、一般に株式の配当金と同じ配当所得にあたり、20％（所得税15％、住民税５％）と復興特別所得税が源泉徴収されます（申告不要の特例）。ただ、全ての分配金に20％課税されるという訳ではありません。その理由について説明しましょう。

⑴ 普通分配金と元本払戻金（特別分配金）

投資信託の分配金は評価益の有無（購入時より上がっているかどうか）に関係なく、すべての受益者（投資家）に「１万口あたり○円」で計算され、支払われます。評価益の中から支払われる場合は普通分配金として20％（所得税15％、住民税５％）＋復興特別所得税で計算されますが、評価損の場合は利益が出ていないのに分配金が支払われる元本払戻金（特別分配金）となり、課税されません。

⑵ （普通）分配金に対する課税方法

分配金への課税は、「申告不要の特例」「総合課税」「申告分離課税」という３つの取扱いがあります。

① 「申告不要の特例」（源泉徴収され確定申告は不要）

投資信託の分配金は、株式の配当金と同じ配当所得にあたり、20％（所得税15％、住民税５％）と復興特別所得税が源泉徴収され課税関係が終了する「申告不要の特例」が適用されます。手続きをすべて金融機関に任せられるため選択している人が大半です。

その他に、次の②③いずれかの方法で確定申告をすることもできます。手間はか

◆分配金に対する税金の取扱い

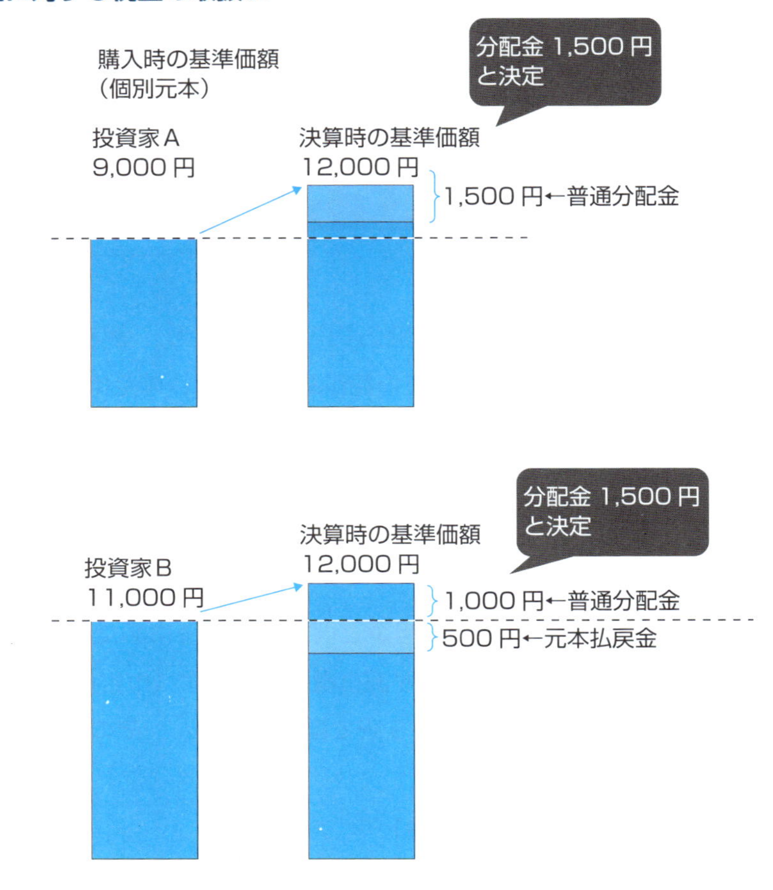

かりますが何らかの恩恵を受けられるからです。具体的にどのようなものなのか説明します。

② 「総合課税」で確定申告をする

総合課税は、給与所得や事業所得など他の所得と併せて総合的に課税されるもので、配当控除という税額控除（納める税金から直接差し引くことができる控除）が使えることがメリットです。もともと配当は企業の利益を株主に還元するもので、企業は利益に対してすでに法人税を納めているため、配当を受けた投資家が源泉徴

投信販売のプロフェッショナルから　プラスワン

特別分配金（元本払戻金）を受け取っているケースで、税金がかからずお得だと思っている方が時々います。これは分配金の仕組みを理解していないことからくる誤解です。解約時に元本が大きく減っていて、驚いてしまうことが少なくないので、分配金の仕組みや運用損益はこれまでに受け取った分配金を含めたトータルリターンで考えることを丁寧に説明しましょう。

◆**配当控除の計算方法**

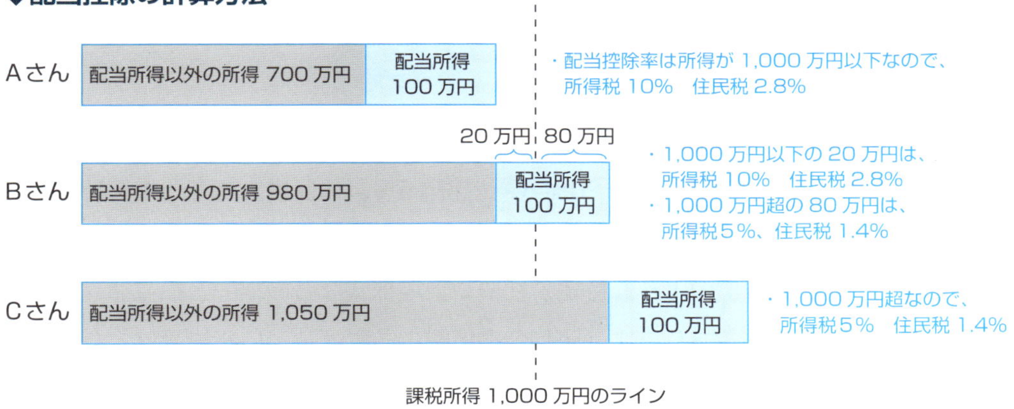

収で 20%の税を負担するといわゆる二重課税となってしまいます。この二重課税を調整するのが配当控除で、所得税や住民税から一定額を還元します。投資信託の分配金も同様の取扱いです。

配当控除の額は、原則、所得税は「配当所得× 10%」、住民税は「配当所得× 2.8%」で求められます。配当を含む課税所得金額が 1,000 万円を超える場合は、越える部分のみ所得税５%、住民税 1.4%で計算します。

③ 「申告分離課税」で確定申告をする

申告分離課税を選ぶと、株式などの譲渡所得に加え配当金、分配金なども併せて申告できるようになります。つまり、売却による譲渡損失が出ている場合は、配当金のプラスと損益通算できるということです（同じ金融機関であれば、申告しなくても特定口座内で通算される）。

投信販売のプロフェッショナルから　プラスワン

配当金は、総合課税で申告すると給与所得などと合算され所得全体が増えるため、扶養内パートで働いている主婦は社会保障などの所得要件を満たさなくなるなど、全体でみると不利になることもあります。詳細は税理士などの専門家に確認するように伝えましょう。

❸ 公社債投資信託の税

⑴ 利子は利子所得

公社債投資信託の分配金は利子所得です。本来は、確定申告において申告分離課税の対象ですが、分配金の受取時に 20％（所得税 15％、住民税５％）と復興特別所得税が源泉徴収されると、課税関係は終了します（つまり申告不要）。しかし、確定申告をすると国債や地方債のような特定公社債や上場株式などの損失と損益通算できるため、有利になることもあります（同じ金融機関であれば特定口座に受け入れて通算することも可能）。

⑵ 売却益（償還差益・譲渡益）

売却益（償還差益・譲渡益）は、株式投資信託と同じ譲渡所得として扱われます。

第2章

投資信託販売の基本

1 顧客本位の業務運営

低金利、少子高齢化などによって、資産運用の重要性が増しています。政府は、投資経験がない初心者などが資産運用を始めるきっかけとして、利益などが非課税になるNISA制度などを導入しました。政府が目指すのは、資産残高の積み上げによる個人資産の増大です。その目標達成に向けて、金融庁は金融機関の投資信託販売についても厳しい目を向けています。例えば、手数料が高いものに偏った販売や不要な乗り換えセールス、毎月分配型のような分配金に重きを置いた投資信託の提案などです。お客様にあった商品提案ができているかなど、投資家保護の観点から環境整備が行われています。

これらの動きは、2014年9月に金融庁が公表した「平成26年度金融モニタリング基本方針（監督・検査基本方針）：資産運用の高度化」において「商品開発、販売、運用、資産管理それぞれに携わる金融機関がその役割・責任（フィデューシャリー・デューティー）を実際に果たすことが求められる」と記されたことが大きなきっかけとなりました。

このフィデューシャリー・デューティーを直訳すると「受託者（fiduciary）責任（duty）」で、信託における受託者は、委託者や受益者の利益を第一に優先すべきという概念のもとすでに欧米では広く浸透している考え方です。金融庁は、フィデューシャリー・デューティーを「他者の信認を得て、一定の任務を遂行すべき者が負っている幅広い様々な役割・責任の総称」と定義しており、投資信託の販売に携わる者の役割として、今後ますますお客様の利益の最大化を意識した営業活動が求められるようになっています。以下のように具体的なプリンシプル（原理・信条）が定められ、金融事業者の自主的な取組を促しています。

❶ 顧客本位の業務運営に関する原則

金融庁は、2017年3月「顧客本位の業務運営に関する原則」を策定し、投資初心者へのわかりやすい情報提供や、金融商品販売による手数料の明確化を含む7つの原則を公表しました。これらは、金融事業者が形式的な指針に留まらず実質的な顧客本位の業務運営を実現し、資産運用による個人資産増大につなげていくことを目指したものです。これらを受け、金融事業者各社は顧客本位の業務運営に関する方針の策定・公表をしており、HPなどで閲覧できます。皆さんも自金融機関の方針を確認しておきましょう。

◆「顧客本位の業務運営に関する原則」（平成29 年３月30 日金融庁資料より一部抜粋）

【顧客本位の業務運営に関する方針の策定・公表等】

原則 1．金融事業者は、顧客本位の業務運営を実現するための明確な方針を策定・ 公表するとともに、当該方針に係る取組状況を定期的に公表すべきである。当該方針は、より良い業務運営を実現するため、定期的に見直されるべきである。

【顧客の最善の利益の追求】

原則 2．金融事業者は、高度の専門性と職業倫理を保持し、顧客に対して誠実・公正に業務を行い、顧客の最善の利益を図るべきである。金融事業者は、こうした業務運営が企業文化として定着するよう努めるべきである。

【利益相反の適切な管理】

原則 3．金融事業者は、取引における顧客との利益相反の可能性について正確に把握し、利益相反の可能性がある場合には、当該利益相反を適切に管理すべきである。金融事業者は、そのための具体的な対応方針をあらかじめ策定すべきである。

【手数料等の明確化】

原則 4．金融事業者は、名目を問わず、顧客が負担する手数料その他の費用の詳細を、当該手数料等がどのようなサービスの対価に関するものかを含め、顧客が理解できるよう情報提供すべきである。

【重要な情報の分かりやすい提供】

原則 5．金融事業者は、顧客との情報の非対称性があることを踏まえ、上記原則4 に示された事項のほか、金融商品・サービスの販売・推奨等に係る重要な情報を顧客が理解できるよう分かりやすく提供すべきである。

【顧客にふさわしいサービスの提供】

原則 6．金融事業者は、顧客の資産状況、取引経験、知識及び取引目的・ニーズを把握し、当該顧客にふさわしい金融商品・サービスの組成、販売・推奨等を行うべきである。

【従業員に対する適切な動機づけの枠組み等】

原則 7．金融事業者は、顧客の最善の利益を追求するための行動、顧客の公正な取扱い、利益相反の適切な管理等を促進するように設計された報酬・業績評価体系、従業員研修その他の適切な動機づけの枠組みや適切なガバナンス体制を整備すべきである。

❷ 投信販売に関する共通指標

これまでに説明した「顧客本位の業務運営に関する原則」を具体的に定着させるための取組みとして「投資信託に関する共通 KPI」が注目されています。まず、KPI（Key Performance Indicator）とは何かというと、上記を受けた取組みや定着度合いを見える化し、客観的に評価する成果指標のことで、方針を掲げるだけではなく実態が伴っているかを判断するものです。これまでの流れを受け独自に KPI を設定・公表している金融機関もでてきましたが、それぞれが決めた評価方法ではほかの金融機関との比較が難しいことから、共通の基準で比較する「共通 KPI」が注目されているというわけです。この共通 KPI があることによって、お客様は金融事業者の方針や取組姿勢を比較、検討することができ、安心して資産形成へと歩みを進めることができます。金融庁は、2019 年 1 月末までに自主的な KPI を 467 社、共通 KPI を 103 社が公表していると示しました。共通 KPI として以下の 3 つの評価方法が定められています。

① 運用損益別顧客比率
② 投資信託預り残高上位 20 銘柄のコスト・リターン
③ 投資信託預り残高上位 20 銘柄のリスク・リターン

「①運用損益別顧客比率」は、ある基準時点において投資信託を保有しているお客様ごとに購入から基準時点までの累積運用損益を算出・公表するものです。これは、手数料控除後で計算され、損益率ごとに示されます。つまり、含み益（または含み損）を抱えるお客様の割合がわかります。

「②投資信託預り残高上位 20 銘柄のコスト・リターン」「③投資信託預り残高上位 20 銘柄のリスク・リターン」は、設定後 5 年以上の投資信託の預り残高上位 20 銘柄について、銘柄別や預り残高加重平均でのコストとリターンの関係、リスクとリターンの関係を示した指標を公表します。これによって中長期的にどのような商品をお客様に多く提供してきたかがわかります。

◆運用損益別顧客比率（主要行など・地域銀行合算ベース）

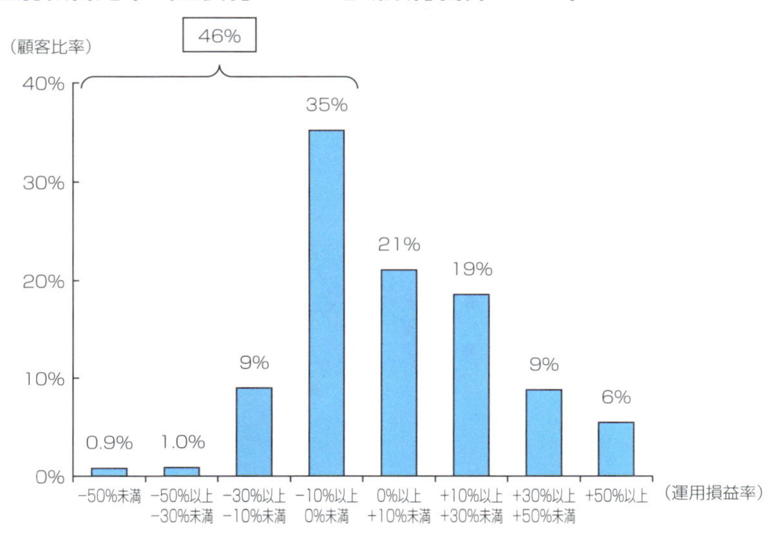

◆顧客の投資信託の平均保有期間と各販売会社の運用損益率０以上の顧客割合

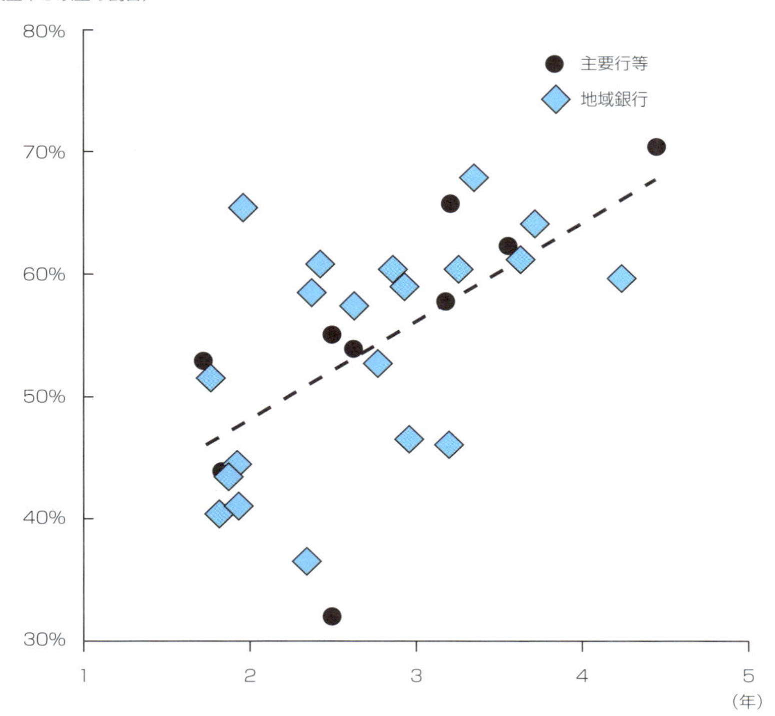

（出所）「投資信託の販売会社における 比較可能な共通 KPI を用いた分析」
〈対象：主要行等９行、地域銀行 20 行〉2018 年 6 月 29 日　金融庁資料より一部抜粋

◆各販売会社における投資信託のコスト・リターン（預り残高上位20銘柄の加重平均）

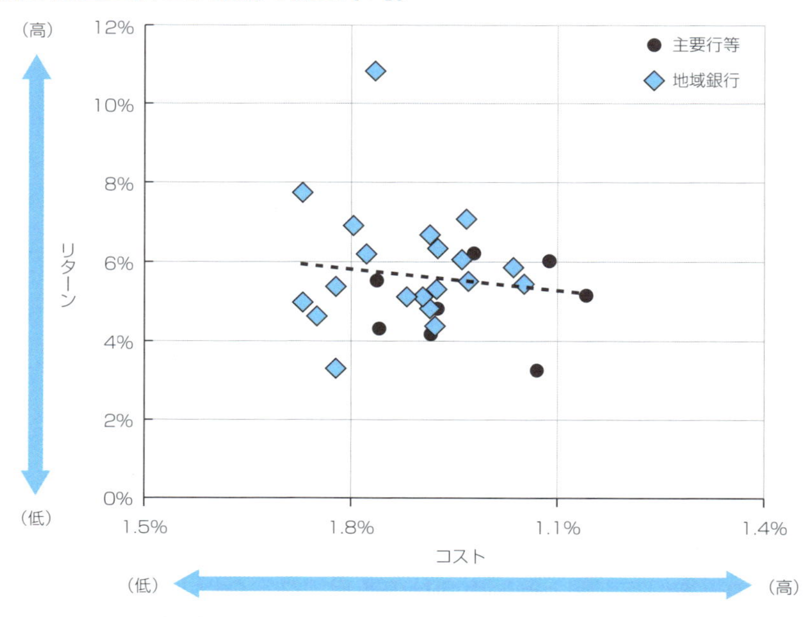

（注1）基準日は18年3月末。
（注2）主要行等9行、地域銀行20行のうち、有効回答28行を集計。
（注3）「共通KPIの定義」においては、設定後5年以上の銘柄について、自社取引、他社への仲介取引・紹介取引による残高を同一銘柄について合算のうえ、上位20銘柄を抽出するところ、上記では、各行の自社取引、他社への仲介取引・紹介取引の各預り残高上位20銘柄のうち設定後5年以上の銘柄を抽出し、それらのコストとリターンを残高加重平均した値を算出。
（注4）コストは、販売手数料率（税込）と信託報酬率（税込）の合計値。リターンは、過去5年間のトータルリターン（年率換算）。
（注5）図の点線は回帰直線。
（資料）金融庁

◆各販売会社における投資信託のリスク・リターン（預り残高上位 20 銘柄の加重平均）

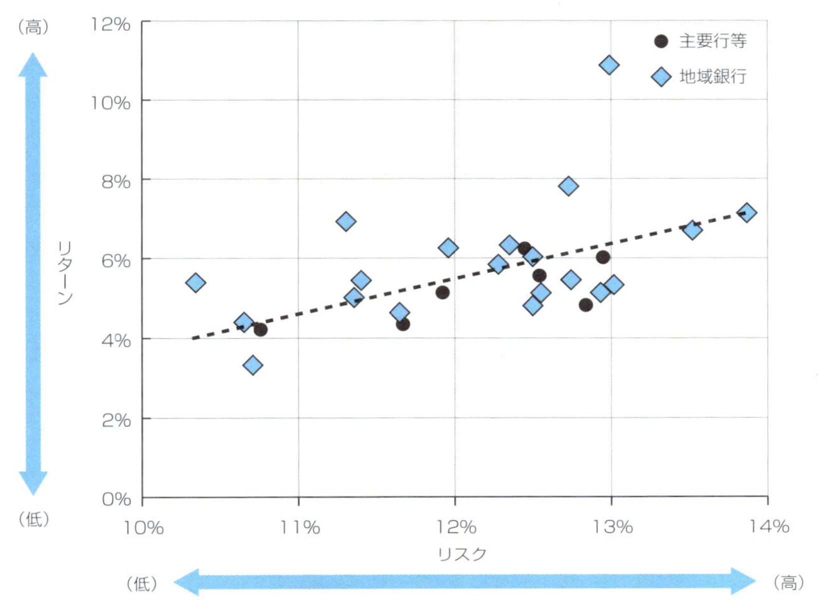

（注１）基準日は 18 年３月末。
（注２）主要行等９行、地域銀行 20 行のうち、有効回答 28 行を集計。
（注３）「共通 KPI の定義」においては、設定後５年以上の銘柄について、自社取引、他社への仲介取引・紹介取引による残高を同一銘柄について合算のうえ、上位 20 銘柄を抽出するところ、上記では、各行の自社取引、他社への仲介取引・紹介取引の各預り残高上位 20 銘柄のうち設定後５年以上の銘柄を抽出し、それらのリスクとリターンを残高加重平均した値を算出。
（注４）リスクは、過去５年間の月次リターンの標準偏差（年率換算。一部日次リターンを使用）。リターンは、過去５年間のトータルリターン（年率換算）。
（注５）図の点線は回帰直線。
（資料）金融庁

（出所）「投資信託の販売会社における 比較可能な共通 KPI を用いた分析」〈対象：主要行等９行、地域銀行 20 行〉2018 年６月 29 日　金融庁資料より一部抜粋

2 基本的なルール

投資信託の販売は、金融商品取引法や金融商品販売法などでルールが定められており、お客様に対して誠実・公正であることが求められる金融商品の販売にあたって必要な事柄が記されています。例えば、投資未経験のお客様に複雑な仕組みでリスクの高い金融商品を勧めるなどしていないか、また、メリットだけを伝えるのではなく留意点などマイナス要素も同程度の時間をかけて説明しているかなどが焦点になります。

ここでは、顧客本位の提案のために押さえておきたい「適合性の原則」「投資勧誘における説明義務」「高齢者ガイドライン」について確認していきましょう。

❶ 適合性の原則

投資者保護の観点から、お客様の知識、経験、財産の状況および金融商品取引契約を締結する目的に照らして不適当な勧誘を行ってはならない、と金融商品取引法で義務付けています。

まずはお客様の属性を十分にヒアリングしましょう。年齢や職業、自金融機関にもっている金融資産については社内の顧客データで把握できると思いますが、投資に関する知識の程度や投資経験の有無などは実際にお客様から聞き出さなくてはわからないものです。特に、他金融機関で保有されている金融資産については、なかなか尋ねにくいものですが、お客様に合った提案のためにはできる限り正確に把握する必要があります。

例えば、500万円の投資を提案する場合、他金融機関分を含めれば金融資産5,000万円のお客様Aと、自金融機関の500万円が金融資産のすべてであるお客様Bでは明らかにリスク許容度に違いがあります。

この場合、お客様Aに対しては、リスクの大きな金融商品を提案することもできますが、お客様Bには、たとえ一時的であったとしても大きく元本割れをする可能性が高い商品を提案するのは適切ではありません。当然ですが金融資産のすべてをリスク商品に投資するような提案も避けるべきです。また、多額の金融資産を保有している場合でも投資経験のないお客様と投資経験豊富なお客様では皆さんの提案は当然異なるはずです。

具体的な裁判事案として、次に紹介するものがあります。

証券会社で歯科医へ投資勧誘をしたケースですが、金額の大小にかかわらず適合性の原則は適用されますので、参考にしてください。

◆金融法務研究会（事務局：全国銀行協会）の報告から抜粋

「証券会社が、証券投資の経験を有しないが、多額の資産を有する歯科医の投資家に対して、投資信託ファンドの株式に対する投資に制限がなく、相当の株価変動リスクを有し、かつ為替変動リスクも有する投資信託および株価変動リスクのみならずファンドの基準価額が株式市場全体の動きと大きく異なる場合が認められる投資信託を投資勧誘し、同投資信託を取得した投資家が損失を被ったという事案である。判旨は、最高裁平成17年7月14日判決を踏襲しつつ、上記のような価格変動リスクのある投資信託およびその後に取得したリスクの高い債券などの勧誘に際して、証券会社が顧客の投資経験や投資意向についての確認書類を求めず、かつ商品内容やリスクを説明し、目論見書や説明書を交付したことも認められないことから、顧客が歯科医師で3億2,000万円の資産を有しているとしても、当該勧誘が適合性原則から著しく逸脱しており、不法行為を構成するとしている。さらに、同裁判例では説明義務違反も認められている。顧客に4割の過失を認め、過失相殺を行っている」

❷ 投資勧誘における説明義務

投資信託のようなリスク商品は、自己責任の原則に基づき投資家自身が商品性を理解した上で適切に判断し購入する必要があります。ただし、適切な判断を行うためには正確な情報を得る必要があり、金融機関はそのための情報提供を十分に行わなければならない義務を負っています。金融商品取引法では、投資信託の購入前に必ず「契約締結前交付書面」を渡すことが義務付けられています。この書面には、契約概要や手数料、販売会社の概要、金融商品取引業者の称号や住所、金融商品取引業者の登録番号、投資商品が元本割れのリスクがある旨やクリーングオフなど、購入にあたって理解が必要なことが記載されています。また､金融商品の販売等に関する法律（以下、「金融商品販売法」といいます）でも、金利変動リスク、価格変動リスク、為替変動リスク、信用リスクなどにより元本割れが生じるおそれがあることなど商品のリスクに関する重要な部分について説明しなければならないとの定めがあります。

最近の金融商品は、多様化・複雑化しています。デリバティブ取引のような複雑な仕組みを取り入れることにより､高いリターンが期待できる反面リスクも大きくなり、さらにどんな時に上がるのか下がるのかが、すぐにはわからないような商品も少なくありません。十分に商品の特性を理解しないまま購入し、損失が出た際に「こんな商品だとは知らなかった」といった苦情やトラブルに至るケースが増えています。そもそも金融機関の推進担当者とお客様との間には、通常、知識レベルに大きな格差があることから、お客様のレベルに合わせて平易な表現や例え話などを交えつつ、理解へ導くような工夫が必要です。

大切なのは「皆さんが説明したかどうか」、ではなく「お客様が理解したかどうか」です。専門用語などを使わずにわかりやすい説明を心がけることは当然ですが、お客様の表情や反応にも留意して、本当にお客様が理解しているかを確認しながら説明しましょう。

❸ 日証協の高齢者ガイドラインの遵守

日本証券業協会は2013年12月、投資家保護の一つとして高齢者ガイドラインを設けました。高齢化の進展もあり、高齢者本人やその家族から取引に関する苦情やあっせん申立などのトラブルが増えているためです。これを受けて、高齢顧客への勧誘による販売に係る「協会員の投資勧誘、顧客管理等に関する規則」が、以下のように一部改正されました。

「協会員は、高齢顧客に有価証券等の勧誘による販売を行う場合には、当該協会員の業態、規模、顧客分布及び顧客属性並びに社会情勢その他の条件を勘案し、高齢顧客の定義、販売対象となる有価証券等、説明方法、受注方法等に関する社内規則を定め、適正な投資勧誘に努めなければならないこととする。(第５条の３)」

日証協は、高齢顧客の目安を75歳以上としており、より慎重に勧誘販売を行う必要がある年齢を80歳以上と定めています。75歳以上の高齢顧客に仕組みが複雑でわかりにくいものなどの“勧誘留意商品”をセールスするときは、役席者に事前の承認を得て、役席者自身が高齢顧客との面談や電話での会話を通して勧誘の適性を判断する必要があるとしています。具体的には、健康状態や理解力に問題はないか、会話がかみ合うか、投資意向はどうか、自己責任の原則を理解しているかなどです。また、80歳以上のお客様には、勧誘当日の注文の制限や、役席者による受注、約定後に担当営業員以外の者からの連絡をするなどです。

高齢者は、体力や気力の衰えが急に進むこともありますので、来店や提案の都度、役席者に事前の承認を得なければなりません。前に承認を受けているから大丈夫、といった安易な気持ちで対応することがないようにしましょう。

また、お客様宅を訪問して投資勧誘を行う場合などは、高齢のお客様やその家族の承諾を得てからＩＣレコーダーなどに会話を記録しておくことなども示しています。どのような説明をして、それに対するお客様の反応や発言がどうだったのかなど、後日客観的に確認することもできますので「言った」「言わない」のトラブル防止につながります。

その他にも、高齢顧客の取引が社内規定に沿って正しく行われているかどうかのモニタリングを義務付けています。

◆高齢者ガイドラインの概要

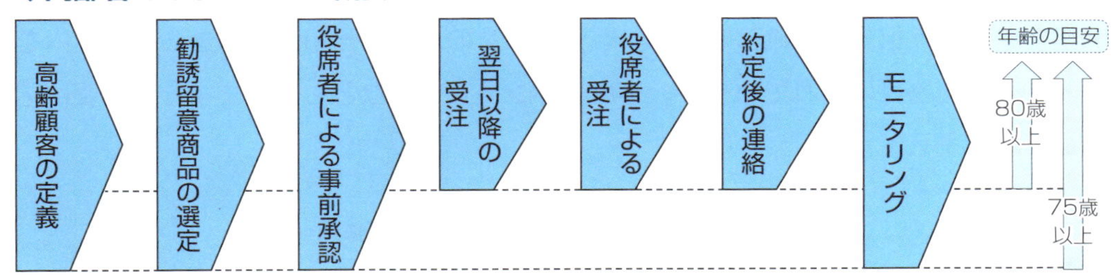

以下は、日証協が示した高齢顧客でも通常の勧誘や販売が可能な商品例です。"勧誘留意商品"はそれ以外のものということになります。

<比較的価格変動が小さい / 仕組みが複雑ではない / 換金性が高い商品>
- 国債、地方債、政府保証債など
- 普通社債
- 公社債を中心に投資し安定的な運用を目指す投資信託
- 米ドル、ユーロ、豪ドル建で上記３つに相当する債券や投資信託

<周知性の高い / 時事刻々価格が変動する商品>
- 上場株式、ETF、ETN、REIT（外国市場を含む、現物取引のみ）
- 日経 225 や TOPIX に連動する投資信託

各金融機関は、これらのガイドラインに沿った社内規定を設けています。投資家保護の観点から高齢者ガイドラインが生まれましたが、皆さん自身を守ってくれるものでもあります。それぞれ社内規定を確認しルールにのっとった対応をしましょう。

❹ 金融ADR 制度

これまで説明したとおり、投資信託にはリスクがあるという商品の特性から、お客様に十分に商品内容を理解していただく必要があり、お客様は商品について理解したうえではじめて購入することになります。しかしながら、損失が生じた時などに「説明を受けてない」「知らなかった」といった苦情となってしまうこともあります。

そうなった場合の金融機関と投資者であるお客様間の紛争解決を、公正・中立な立

場でスムーズに行うために生まれたのが「金融 ADR 制度（裁判外紛争解決制度）」です。2009 年金融商品取引法などの改正により創設され、内閣総理大臣の指定を受けた指定紛争解決機関が金融商品の紛争解決を行います。通常、裁判を行うと大変な手間や時間、費用がかかりますし、弁護士などにも奥深い金融知識が求められます。これに対して金融 ADR 制度は、金融分野に造詣が深い専門家が簡便、迅速、安価な紛争解決を目指してくれるもので、お客様（投資者）が安心して金融商品やサービスを利用できるよう信頼性を確保します。販売時にこのような仕組みがあることを案内をすることが義務付けられています。専用のパンフレットなどもありますので必要に応じて活用しましょう。

～指定紛争解決機関として指定を受けた団体例～

◆一般社団法人 全国銀行協会

相談窓口

0570－017109（ナビダイヤル）または　03－5252－3772

月～金曜日　9：00～17：00（祝日、銀行の休業日を除く）

◆特定非営利活動法人 証券・金融商品あっせん相談センター（FINMAC（フィンマック））

相談窓口

0120－64－5005

月～金曜日　9：00～17：00（祝日、年末年始を除く）

3 セールスの仕方

❶ お客様のニーズの把握（必要な時期、資金使途、具体的な金額、ライフプラン）

(1) ニーズの把握

金融商品のセールスにあたっては、お客様属性やお客様の意向を十分に把握し、目的にあったものを提案する必要があります。それを忘れて売れ筋の商品や、自分が売りたいと思っている商品を提案するようなことがあってはなりません。

投資信託の提案は、皆さんからお客様へアプローチする場合とお客様から申し出を受ける場合の２つのケースが考えられます。どちらのケースもお客様属性の把握→お客様ニーズの把握という手順を踏むことが必要です。投資をしようとする資金はどのような性質のものなのか、どのくらいの期間運用したいと考えているのか、運用の目的は何か、などをしっかりヒアリングしなくてはなりません。

(2) ニーズとウォンツ

ニーズについては、最初から明確になっているお客様ばかりではありません。

金融広報中央委員会「家計の金融動向に関する世論調査」（２人以上世帯調査）平成 30 年調査結果によると、金融資産の保有目的は、「老後の準備」が 65.6％、「病気や不時の災害への備え」が 61.1％と最も多く、次に「子どもの教育資金」30.1％となっています。それに加え「とくに目的はないが、金融資産を保有していれば安心」という回答が 20.7％もあります。このように将来のことを漠然と考えている人の場合、

◆金融資産の保有目的

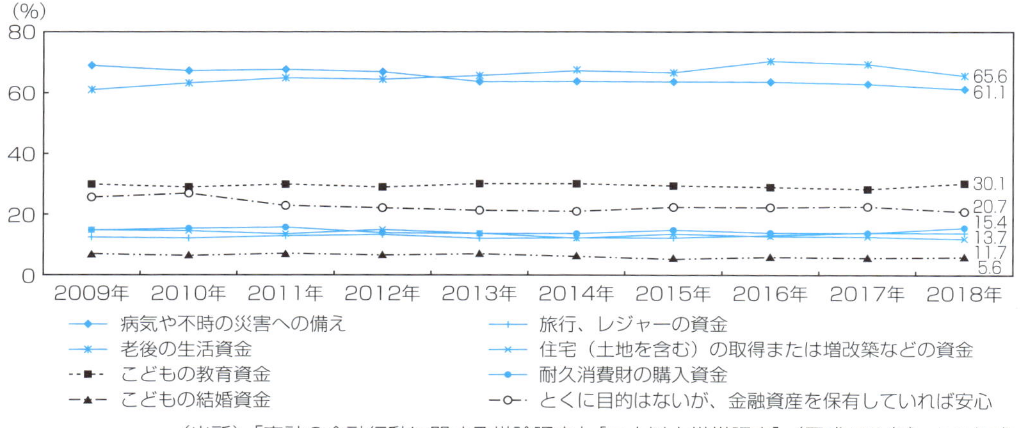

（出所）「家計の金融行動に関する世論調査」［二人以上世帯調査］（平成 30 年）より作成

目的に合った金融商品を選ぶのが難しく、お客様自身もよくわからないので現状のまま何もしない……という、お互い不幸なことになってしまいます。

しかし、「ニーズ（必要性）」「ウォンツ（欲求）」の関係について理解しておくと、ヒアリングのためにどのような会話を投げかけ、提案につなげていけばよいのかを整理できます。

例えば、皆さんは風邪をひいた時どうしますか？　早く治そうと病院に行き、薬をもらうのではないでしょうか。この場合、風邪をひくことで「治したい」というニーズが生まれ、それを解決するために「病院に行って薬を処方してもらいたい」というウォンツ（欲求）が出てきます。金融商品も同じです。「先々、子どもを大学に通わせたい」「安心して家を買いたい」「老後の生活に困らないようにしたい」などというニーズを叶えるために、「金融機関で（それを叶えるための）商品を処方してもらいたい」というウォンツ（欲求）が生まれます。

つまり、目的がないまま貯蓄をしているお客様に対して、目的であるニーズがどこにあるかを探していく声かけが大切です。例えば、人生の３大資金である「住宅資金」「教育費」「老後資金」のいずれかのワードを話題に盛り込んでみるのもいいでしょう。

例えば、若い夫婦と雑談を交えながらお子さんの話をする際に「私立文系の大学の費用は４年間で 500 万円程が必要だそうですよ」と声をかけてみてはどうでしょうか。その時、「やっぱりそんなにかかるのね。気にはなっているのよね」という返答があれば、マネープランの必要性に気付いているお客様と判断できます。

一方で、「そうなのね、へえ」という他人ごとのような反応なら、まだニーズに気付いていないのかもしれません。その場合は、「もし県外の学校に通う事になると、生活費も含め 1,000 万円以上必要になるようですよ」などとさらに情報を提供し、先々

◆ニーズとウォンツ

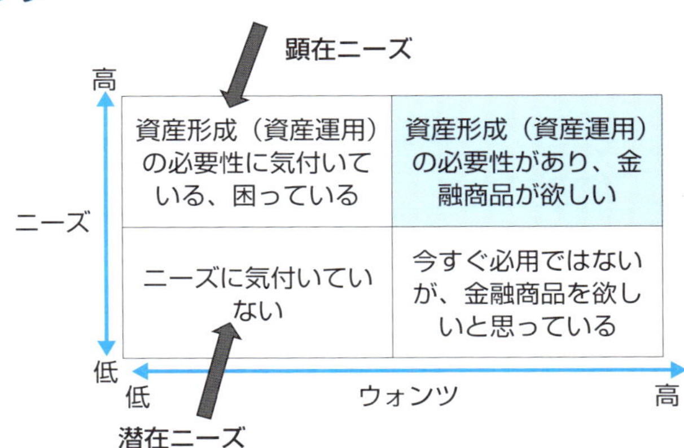

に向けてマネープランの準備が必要であることに気づいていただけるように声がけをしましょう。

お客様自身のニーズが顕在化すれば、「お客様の目的にあった金融商品をご案内させてください」と具体的に商品を提案することができます。ただし、この過程は時間をかけて少しずつ歩んでいくケースが大半です。会話を交わす度に、教育費だけでなく老後資金のこと、今の社会情勢などお客様に有益な情報を提供し続けていけば少しずつ機が熟します。成果が出ないと焦らずに、日々多くの方とコミュニケーションをとりながら少しずつ種まきをしていきましょう。

⑶ 投資に向いている資金

お客様の金融資産のうち、どの程度の資金について投資信託での運用を提案すべきかを考えてみましょう。お客様に今後のライフイベントへの夢や希望、不安などを尋ねながら、「流動性重視」「安全性重視」「収益性重視」の３つの財布に分けて考えると整理しやすくなります。

例えば、流動性重視の財布は、生活費のほか冠婚葬祭･旅行やレジャー費などです。安全性重視の財布は、近い将来に使いみちが決まっている資金、具体的にはマイホーム購入の頭金や、数年先の教育資金などです。また、当座の資金として生活費の半年分くらいは考えておくとよいでしょう。収益性重視の財布は、生まれたばかりの子どもの教育費や老後資金のようなずいぶん先に必要になる資金、という具合です。

◆主なライフイベント

独立期	家族形成期	家族成長期	家族成熟期 子供の独立期	高齢期

20代 ＞ 30代 ＞ 40代 ＞ 50代 ＞ 60代 ＞ 70代 ＞ 80代

ライフイベント							
	就職	結婚	子どもの進学（小・中学校）	子どもの進学（高校・大学）	定年退職		
	一人暮らし	子どもの誕生			子どもの就職結婚孫の誕生		
		住宅の購入			住宅のリフォーム		
					親の相続（自分の相続）		

●資金使途ごとの３つの財布（イメージ）
「流動性重視」の資金…生活費、冠婚葬祭や旅行・レジャー費など
「安全性重視」の資金…比較的近い時期の教育費、マイホーム購入の頭金、当座の資金として生活費の半年分くらいなど
「収益性重視」の資金…長期的に準備をしていく教育費、老後資金、介護費用など10年以上先に使うものなど

いつでも使えるようにしておくべき流動性重視の資金は普通預貯金が中心になります。一方で、老後資金のような当面使う予定のない資金などは時間を味方にしながら投資信託などでゆっくり運用することができます。つまり、投資信託の提案に最適なのは収益性重視の資金ということになります。

では、安全性重視の資金はどのような商品が適しているでしょうか。これはお客様のライフイベントの時期によって判断する必要があります。例えば、大学進学のための教育費です。子どもが生まれて間もない家庭と高校生の子をもつ家庭では運用できる期間に違いがあります。教育資金という性格から必要な時期が確定しているため、高校生のいる家庭ではリスクが取りにくく、定期預金や個人向け国債などが選択肢になります。しかし、0歳児の家庭は大学入学まで18年間も時間がありますので、安全性重視ではあるものの、収益性を取り入れる運用を検討してもよいのではないでしょうか。

このように、資金が必要な時期が何年先かによって金融商品の選択肢が変わってきます。それに加えて、お客様の資産状況を踏まえることも必要です。お客様から他金融機関にどのくらいの資金があるのかをヒアリングでき、十分な金融資産があることがわかれば、教育資金もある程度リスクを取った運用が可能になります。仮に、資金が必要な時に運用状況が芳しくなかったとしても、ひとまずその他の金融資産から充当し、その後、運用状況をみながら投資信託を解約するという方法をとることもできます。いずれにせよ、お客様1人ひとりの状況に合ったよりよい提案をするためにできるだけ多くの情報収集を心がけましょう。

❷ 商品を提案する

お客様のニーズが把握できたら、いよいよ商品の提案です。提案にあたって忘れてならないのはお客様の意向です。大きなリターンを狙って大きなリスクも許容できるのか、なるべくリスクを抑えたいのでリターンはそこそこでよいのかなど、リスク許容度をお客様と共有し、提案する商品を選んでいきます。

最初にセールスを始める時にも、投資信託をお勧めしていいお客様かどうかという意味でのリスクの許容については判断する必要がありますが、具体的な商品提案の時にはさらに丁寧な確認が必要です。とはいえ、お客様に「何％くらいのリスク（ブレ）なら許容できますか？」と尋ねるのはナンセンスです。その質問に的確に答えられる方はなかなかいないと思われます。その場合、目標利回りについて尋ねてみましょう。たとえば、「定期預金の金利は0.01％ですが、投資信託では何％くらいを目指したいですか？」または、「10年くらいお使いになる予定のないご資金だとうかがいましたが、10年後の目標金額はございますか？」などです。そのうえで、株式や債券などいくつかの投資信託の運用実績をお見せして、リスク・リターンの違いを確認していただくのもよいでしょう。また、国内外の株式や債券で運用するパッシブ運用のバランスファンドで、株式の比率が30％、50％、70％などのように資産分散の割合の違いによる投資信託の運用実績を示しながら商品を絞り込んでいくのも有用です。お客様には、リスクとリターンがトレードオフの関係であることを十分に説明し、その時の反応や発言などからお客様にあった商品提案をしていきます。

以下、提案の簡単なトーク例を紹介します（トーク例の詳細は第3章）。

トーク例：ニーズ把握から商品提案まで

「将来のマネープランはお考えですか？」

「あまり考えたことないなぁ」

「少子高齢化が進み年金などの社会保障が不安視される時代です」

「確かに。自分たちの時代は年金をもらえるのかな」

「その不安を少しでも解消するために、資産運用をご検討なさいませんか」

「やったことないし、リスクがあるんだよね」

「確かにリスクはあります。ただ、リスクを抑えながら運用する方法もありますよ」

「へぇー」

「資産運用の最大の武器は何だと思いますか？」

「なんだろう」

「それは時間です。資産形成は、短期的な利益を目指すのではなく長期的に運用をしていくという視点が大切です。具体的には、時間を分けてコツコツ投資をする積立てがお勧めです」

「積立ての投資なんてあるのかね？」

「はい、投資信託を毎月同じ金額で少しずつ購入していく方法です。よろしければ詳しくご説明させていただけませんか」

「よろしく頼むよ」

❸ アフターフォロー

金融商品の販売は、購入していただいたら終わりではありません。むしろ購入後のアフターフォローの方が重要ともいえます。アフターフォローが不十分な場合「販売する時ばかり熱心」とか「売りつけられたが本当にこの商品は良いものなのか」といった不信感につながってしまうことがあります。

相場が急変した時はもちろんですが、そうでなくても定期的な電話や訪問によって「不安な点はないか」を確認したり、商品性を再度説明したりすることが大切です。相場が急落した時には連絡を取りにくいと思うかもしれませんが、そんな時にこそきちんとフォローをしてくれる担当者は、大変ありがたく信頼に値すると感じられるはずです。アフターフォロー自体は直接成果に結びつくものではありませんが、お客様の信頼感を得ることで、追加購入やお知り合いの紹介などにつながることもあります。

トーク例：相場が下落（元本割れ）している時

「本日は、運用状況のご報告をさせていただきます」

「ずいぶん損しているようだね」

「はい。ご不安をお感じのことと思います」

「儲かるつもりで投資したのになぁ。解約すべきか迷っているんだ。もっと下がるんじゃないの？」

「ニュースなどで報道されておりますとおり、最近は米中の貿易摩擦などが影響し、投資環境が不安定になっています。長期的な問題でもありますので、それによる影響と今後の動向をじっくり見ていく必要があります。ただ、今回は１ヵ月で２割ほど下落しており、あまりにも短期間に大きく動いています。今のところ実態経済に大きな影響が出ているわけではないようなので、今判断するのは時期尚早という見方もできます」

「なるほど。でもなぁ…」

「もちろん解約はいつでも可能です。ただ、この資金の必要な時期はいつ頃だったでしょうか？」

「そうだね、当面は使わないお金だね」

「でしたら、一喜一憂せずに長期で見守るという視点も必要です」

「なるほど」

「今後どうなるかは誰にもわかりませんが、相場は上下を繰り返しますので、このような下落のタイミングで少し買い増すという方法も選択肢になります」

「買い増す？」

「はい、下がっている時に追加購入すると平均の購入単価を引き下げることになるため利益が出やすくなります」

「確かに、そんな考え方もあるね」

「また、もし解約をご希望でしたら、全部または一部だけ換金するという方法もあります。遠慮なくお申し付けください」

「確かにすぐ必要な資金でもないし、しばらく様子を見てみるか。せっかくなので少しだけ追加購入してみようかな」

「ありがとうございます」

トーク例：相場が上昇している（利益がでている）時

お客様の保有ファンドが１つの資産に偏っているなどの場合は、分散投資の必要性を伝えましょう。相性が良いファンドをご提案するとお客様のリスク軽減につながります。

「本日は、運用状況のご報告をさせていただきます」

「ありがとう」

「お客様には、日本の株式に投資するファンドをお持ちいただいておりますね」

「そうだったわね」

「お持ちいただいているファンドは、昨年２～３月は中国の景気減速懸念から一度大きく下げましたが、その後、米国の好調な企業業績に支えられ徐々に基準価額が戻ってきました。現在のところ、購入いただいた時に比べ１割ほど利益が出ている状況です」

「そうなのね、嬉しいわ」

「対ドルで円安に推移したことも日本株が上昇した要因です」

「円安になるといいのね」

「株価は様々な要因で変動するため一概に言えませんが、円安になると輸出企業の売り上げが伸びることが期待され上昇しやすくなります」

「へーおもしろい」

「よろしければ、日本株ファンドと違うタイプの投資信託も少し購入されませんか？」

「あら、どうして？」

「リスクを抑える方法として分散投資が有効だといわれています。投資対象を分けることでリスクを分散させるということです」

「なるほど、日本株ファンドが今後も必ず好調とは限らないから、違うタイプのファンドも持つといいということね」

「さすが、そのとおりです。では、日本株と組み合わせるとよいとされる債券ファンドを例に詳しくご案内させてください」

「よろしく頼むわ」

◆株式と債券の値動きのイメージ

一般に、株式と債券は反対の動きをしやすいとされています。

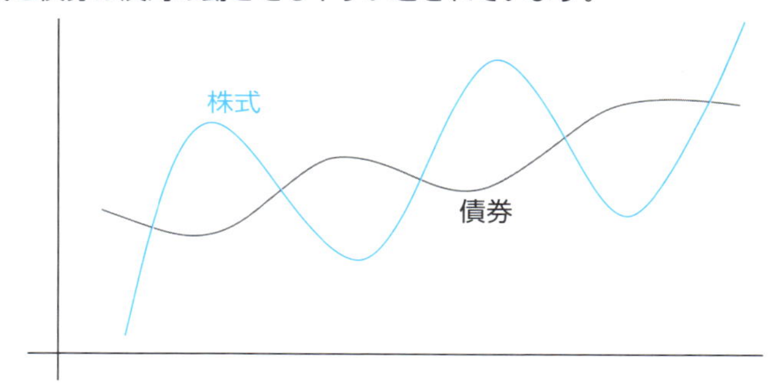

トーク例：積立て投資をしている人へのアドバイス

「ご来店ありがとうございます」

「投資信託を解約したいのですが」

「はい、かしこまりました。お差し支えなければ、ご解約の理由をお伺いできますか？」

「勧められてファンド積立てを始めたけど、この1年下がりっぱなしで…やっぱりやめようと思ったの」

「そうでしたか。大変失礼ですが、もともとこの資金はいつ頃お使いになるご予定の資金でいらっしゃいますか？」

「とくに決めてないけど…将来のためにという感じかな」

「でしたら、反対に今のような下落相場は将来を楽しみに積み立てていただきたい時でもあります」

「下がっているのに？」

「そのとおりです。積立ての良いところは、投資のタイミングを分散できることです」

「へぇ」

「下がっている時には、たくさんの口数を安い基準価額で買うことができるため平均の購入単価を下げることにつながりますよ」

「そうなんですね」

「株式を毎月１万円分ずつ購入する例でご説明しますね。今月の積立て時の株価が１万円だったとします。その場合は１株買うことになります。翌月に株価が５千円に下がっていたなら今度は何株買えるでしょう」

「2株ですね」

「そのとおりです。つまり２万円投資して株価が下がった時にも積立てたことで３株購入できました。1株当たりの平均購入単価は、6,666円（２万円÷３株）です」

「なるほど」

「つまり、積立ての場合は下がっている時こそ安く投資ができるので、平均購入単価を下げられ、利益が出やすくなるということです。このように、一定額分を機械的にコツコツ購入していく方法をドルコスト平均法といいます」

「んー。わかるような、わからないような…」

「たとえば、パン屋さんで、１個100円のアンパンが、夕方に50円に値下げされていた場合、100円で２個買うことができお得なのと同じです」

「なるほど！　積立ての魅力がよくわかったわ。このままコツコツ頑張っていきます」

◆ドルコスト平均法の効果

上記のトーク例に登場した「ドルコスト平均法」とは、金融商品を一定額ずつ、定期的に分けて購入することで平均購入単価を抑える方法です。例えば、毎月一定量(口数）を購入するという方法もありますが、それに比べて、毎月一定額を口数に関係なく購入すると、価格が高いときには少なく、安いときには多く購入できるため、結果的に購入単価が平準化できることになります。

以下の図で比較してみましょう。

・1株ずつ買った場合

	4月	5月	6月	7月	
株価	2,000 円	2,500 円	5,000 円	2,500 円	→投資金額 12,000 円
購入株数	1 株	1 株	1 株	1 株	→購入株数 4 株

1株当たりの購入単価3,000 円（12,000円 ÷ 4株）

・10,000 万円ずつ買った場合（ドルコスト平均法）

	4月	5月	6月	7月	
株価	2,000 円	2,500 円	5,000 円	2,500 円	→投資金額 40,000 円
購入株数	5 株	4 株	2 株	4 株	→購入株数 15 株

1株当たりの購入単価約2,666 円（40,000 円 ÷ 15 株）

4 投資信託にかかるコスト

投資信託は、運用をプロに任せるため３つのコスト（手数料）がかかります。これらは投資信託ごとに定められており、目論見書（投資信託説明書）などに記載されています。運用成果に影響してくるため、投資信託選びの重要な要素ともいえます。

❶ 購入時手数料（販売手数料）

購入時手数料とは、購入する時に窓口となる金融機関に支払う手数料のことで、入会金のようなものです。投資信託ごとに上限額が定められており、その範囲内で各金融機関が決めています。一般に、インターネットで購入するほうが割安なケースが多く、中には購入時手数料が無料のノーロードファンドもあります。

購入時手数料は、最初だけかかる費用ですから、長期保有すると１年あたりに換算したコスト負担率は軽減されます。

以下、購入時手数料の説明例です。

「投資信託は、プロが運用してくれる金融商品のため、入口、保有中、出口の３つの場面で、購入時手数料、運用管理費用、信託財産留保額の手数料がかかります」

「Aファンドの購入時手数料は３％（税抜）となっていますので、投資額が 100 万円なら３万円と消費税です」

「お客様の場合 10 年程度はお使いになる予定がなく長期投資をお考えとのことでしたね。長く保有されるほど１年あたりの負担率は軽減されますので、仮に 10 年保有されるなら年間 0.3%のコストで済む計算になります」

◆購入時手数料が３%の場合の１年あたりの負担率

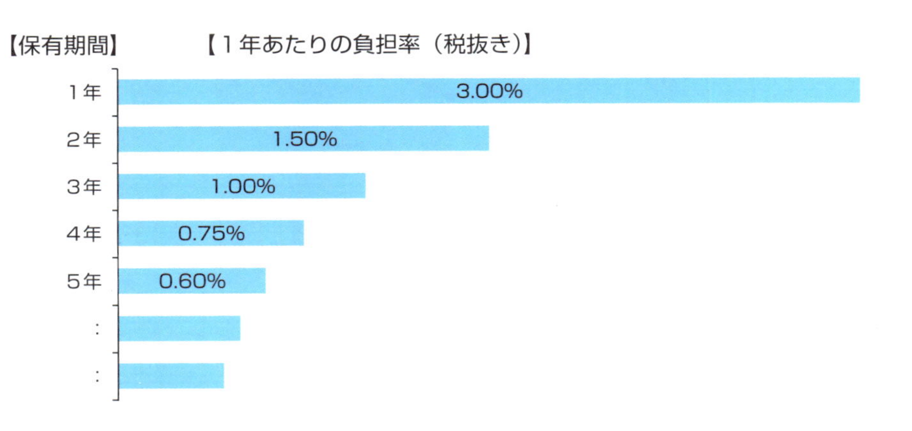

❷ 運用管理費用（信託報酬）

運用管理費用は、ファンド保有中に受ける運用や管理の対価として、信託財産（純資産）の中から日々差引かれるもので、運用会社、信託銀行、販売会社にそれぞれ支払われるものです。保有中にずっとかかるランニングコストなので、長く保有するほど運用実績に与える影響が大きくなります。目論見書などには年率で示されていますが、実際は日々信託財産の中から少しずつ引かれます。一般に0.2％～２％が多く、パッシブ運用の方が割安に設定されています。

パッシブ運用は、ベンチマークとなる指数全体に投資するスタイルなので、銘柄選定の手間が少ないことがその主な理由です。一方、アクティブ運用は、銘柄選定に手間がかかることからコストが高く設定されています。高級料理店とファストフード店を比べると、高級料理店の方が満足感が高いように、一般にはサービスや品物の価値

◆運用管理費用の違いと資産の推移

100万円で投資信託を購入、運用利回り２％だった場合

運用管理費用	1年後	2年後	3年後	10年後	20年後	30年後
0.50％	1,014,900円	1,030,022円	1,045,369円	1,159,398円	1,344,204円	1,558,467円
1.50％	1,004,700円	1,009,422円	1,014,166円	1,048,007円	1,098,318円	1,151,044円
差	10,200円	20,600円	31,203円	111,391円	245,886円	407,422円

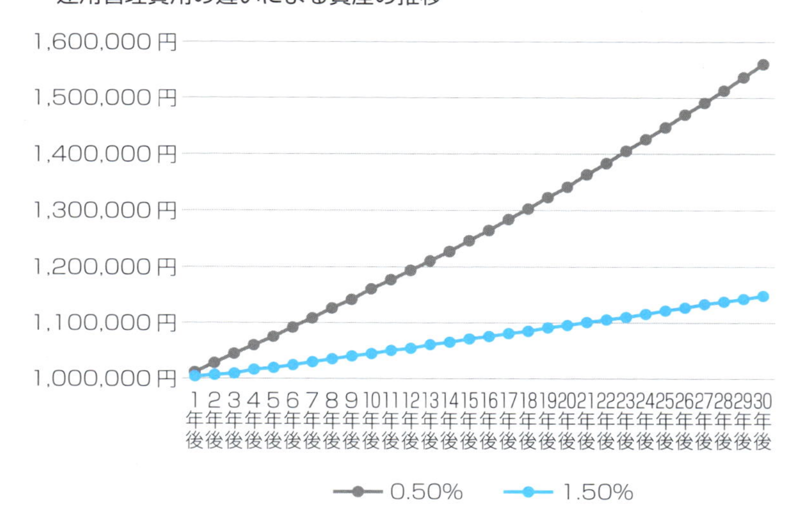

※１年複利で計算
※運用管理費用は、１年後の運用成果に対し徴収する
※販売手数料、税などその他要件は考慮しない

は値段に比例しますが、投資信託はコストが高いからといってほかよりよい運用ができるというわけではありません。手数料は、たとえ運用がマイナスであってもかかるものですから、投資信託を選ぶ際の重要なチェックポイントになります。

前頁の図表は、運用管理費用の違いによる運用結果への影響を比べたものです。

運用管理費用 0.5％と 1.5％の場合の比較ですが、時間の経過とともに差が大きくなり、運用管理費用 0.5％のカーブの方が、だんだんと角度がついていることがわかります。これは、差し引かれるコストが安いため利益が出やすく、その利益が運用されさらに利益を生むという複利の効果のあらわれです。

ただし、この事例は、運用利回りがどちらも２％と仮定した場合のコストの影響を比較したものです。長期的に影響を及ぼすため、運用管理費用は安いほうがよいと考えられますが、必ずしも“手数料が高い＝悪い投資信託”という訳ではありません。アクティブ運用でコストが高くてもそれ以上に素晴らしいパフォーマンスである投資信託もあります。商品の提案は、お客様の意向をしっかり把握することが大切ですが、情報提供をすることも販売する皆さんの重要な役割です。コストだけで判断せず、運用実績などと併せて提案しましょう。

❸ 信託財産留保額

信託財産留保額は、安定的な運用を保つために投資家が負担する費用で、投資信託を解約する時に差し引かれるものです。投資家から解約の申し出があると、運用のため保有していた株式や債券を売却し、現金に換えて支払います。ただし、その時に売却費用がかかったり、運用会社が売りたくないときに売ることで損失が生じたりすることもあります。信託財産留保額は、その費用をファンド全体で負担するのではなく投資家自身に負担をしてもらうというものです。つまり、運用会社などの利益になるものではなく、「立つ鳥跡を濁さず」の費用といえます。信託財産留保額がかからないものが好まれるようですが、もし長期保有し続けるのであればその間に多くの投資家が購入や解約を繰り返すことになり、それに伴った費用がかかることになります。信託財産留保額がかかった方が公平でよいと考えることもできます。

トーク例❶：顧客に理解してもらうための手数料の説明

「投資信託は、運用会社などが投資をサポートしているため、入口、保有中、出口の３つの場面で手数料がかかります」

「手数料？」

「Aファンドを例に説明すると、入口として投資信託を買う時にかかる“購入時手数料”があります。例えばスポーツクラブなどの入会金のようなものです」

「Aファンドは2.16％となっているね」

「はい、つまり100万円の投資なら2万1,600円かかるということです」

「なるほど」

「次に、投資信託の保有期間中にかかる手数料として“運用管理費用”があります。先ほどのスポーツクラブの例でいいますと会費のようなものだと考えるとわかりやすいですね」

「Aファンドの運用管理費用は0.75％だから7,500円（100万円×0.0075）ということかな」

「そのとおりです。7,500円は別途負担するのではなく、7,500円×1/365日が日々かかった費用として信託財産（ファンドの純資産）から少しずつ差し引かれていきます」

「そうなのか」

「また、出口として売却時などにかかる“信託財産留保額”という手数料があります。これは、スポーツクラブの退会費のようなものです」

「Aファンドには記されてないな」

「そのとおりです。信託財産留保額はかからないファンドも多くあります」

「なるほど。じゃあAファンドは、購入時手数料と、運用管理費用だけだね」

「そのとおりです」

「よくわかった。ありがとう」

トーク例❷：インデックス運用、アクティブ運用のコスト比較と商品提案…

「投資信託の運用タイプは、大きく２つあります。投資する資産の平均を狙うインデックス運用と、平均以上の利益を目指すアクティブ運用というものです」

「へぇ」

「例えば、インデックス運用の日本株投資信託に投資をしたとします。もしニュースなどで日本株が上がったと聞こえてきたら、“今日は自分のファンドも同じくらい上がった”と思えるようなわかりやすいものです」

「なるほど」

「そして、インデックス以上の運用を目指すのがアクティブ運用です」

「うんうん」

「ただ、アクティブ運用は、調査、分析などによって銘柄を絞り込んで運用を行うので、インデックス運用よりコストが割高なのが特徴です」

「でも、平均点以上の運用ならそっちの方がいいわね」

「必ずしもそうとはいえません。一般に高級料理店に行けば美味しいお料理が食べられますが、投資信託の場合はコストをかけたからといって必ずしも美味しく料理してくれる、つまりうまく運用してくれるとは限りません」

「あらやだ」

「ですので、ファンドの運用実績も参考にしながら選んでいくことが望まれます」

「では、お勧めのファンドをいくつか紹介してくれる？」

5 NISA、iDeCo の活用

❶ 導入の背景

NISA(ニーサ)は、「貯蓄から投資へ」を促進するための非課税制度で、英国の ISA（Individual Savings Account）をモデルに 2014 年 1 月にスタートしました。その後、ジュニア NISA やつみたて NISA が誕生し、徐々に広がりをみせています。

一方、iDeCo(イデコ)は、2016 年 9 月に名付けられた個人型確定拠出年金の愛称で、老後資金を準備するため現役時代に積み立て、60 歳以降で受け取るという仕組みの私的年金制度です。少子高齢化の進展により将来的に公的年金の削減が懸念されている今、老後の生活費などを準備する手段として、2002 年 1 月に開始されました。その後、2017 年には対象が拡大され、ほぼすべての人が加入できるようになりました。（その他に、企業が福利厚生として導入する企業型確定拠出年金もある）

NISA、iDeCo ともに、税制の優遇に大きな注目が集まっていますが、制度の本来の意味は、投資を取り入れながら資産形成を促すための仕組みであることを忘れてはなりません。2000 年代初期から政府により「貯蓄から投資へ」とのスローガンが掲げられましたが、なかなか進まず、超低金利下の現在に至っても預貯金の比率は増加しています。しかし、預貯金では資産を増やすことはできず、人生 100 年時代といわれる寿命を支えていくことは難しいのが現状です。

日本は先進国の中で最も少子高齢化が進んでいる国です。現役世代の減少にともない税収が減り、現状の社会保障制度の存続が難しくなってきました。厚生労働省の試算では、老後の生活の支えとなる公的年金は 30 年先には 2 割ほど目減りすることも予想されています。将来を豊かに過ごしていくためには、資産形成の在り方を根底から考え直すことが不可欠です。投資に踏み出せない日本人が投資に前向きに取り組めるようサポートすることが皆さんの役目です。投資の必要性を伝えるとともに、NISA や iDeCo の税制優遇などの魅力を紹介し、お客様にあったサポートをすることは社会的な使命といってもよいでしょう。

❷ 制度の仕組み

(1) NISA（一般 NISA）

少額投資非課税制度である NISA は、2014 年 1 月にスタートしました。毎年 120 万円まで投資でき、最長で 5 年の間に得られる譲渡益や配当金が非課税になる制度で、後発のジュニアNISAや、つみたてNISAと区別するため、一般NISAといわれることもあります（本書の説明でも一般NISAと表記する）。導入当初は年間100万円の投資枠でしたが2016年に120万円に増額され、非課税投資総額は最大で600万円（年間120万円×５年）となります。

① 利用できる人

日本に住む20歳（口座開設をする年の１月１日現在）以上の人が対象です。１人１口座に限られており、つみたてNISAと同時に利用することはできません。

※ 一般NISAとつみたてNISAとを年単位で変更することは可能です。ただし、すでに投資信託を購入している場合は、その年は変更ができません。

② 非課税対象

株式や株式投資信託、国内外の上場株式・ETF・REITなどから得られる配当金・分配金や譲渡益が非課税になります。

一般口座や特定口座内で発生した利益や損失は、通算し税金を計算する「損益通算」が活用できますが、利益が非課税となるNISA口座内で発生した損失は通算することができません。

③ 非課税投資枠

毎年120万円までという制限があります。非課税投資枠の総額は最大で600万円になります。枠の未使用分は翌年以降へ繰り越せません。

④ 投資可能期間

2014年～2023年です。

⑤ 非課税期間

投資資金は、最大で５年間非課税で運用できます。

⑥ 非課税期間終了後の取扱い

非課税期間である５年経過後は、保有している金融商品を以下の３つから選択します。

a. 売却する
b. 課税口座（一般口座または特定口座）に移して運用を継続する
c. 翌年のNISA枠に移して運用を継続（ロールオーバー）する

なお、「ｃ．翌年のNISA枠に移して運用継続（ロールオーバー）する」を選択するケースで、すでにNISA枠120万円を超えて利益が出ている場合は、120万円を越えた部分を含むすべての資金を移行できます。制度が始まった2014年に投資した資金は2018年で丸5年が経過し、この制度がスタートして初めていずれかの選択をする時期を迎えました。現時点では、NISAは2023年までの時限措置であるため、ロールオーバーについては、2018年に投資した資金を5年経過後、2023年の枠に移行するのが最後となり、その後はa.かb.の選択となります。つまりロールオーバーを利用できるのは2018年以前に投資をしたものに限られる、ということになります。

また、b.課税口座に移して運用を継続する場合は、留意すべき点が一つあります。

これはNISA口座で評価損が出ていて、その後、課税口座に移し利益が出た状態で売却する場合の課税についてです。わかりやすいように事例を使って説明しましょう。

例えば、NISA口座を使って当初120万円分の投資信託を購入しました。5年経過後、残念なことに評価額が50万円となり、含み損の状態となりました。いわゆる元本割れです。引続き運用を続けるために課税口座に50万円を移し、運用を続けました。しばらくすると相場が回復し、評価額が130万円になったので売却することにしました。この場合の税金はどうなるでしょうか？

この場合は、売却後の130万円と移し替え時の50万円の差額、80万円が利益とみなされ、約20%の税金がかかります。当初の投資額が120万円ですので、10万円しか利益が出ていない、と言いたくなりますが、課税口座に移した時の金額が基になるので仕方ありません。NISA口座の後、引続き課税口座で運用をする場合に含み損があるケースについては特に、しっかり理解して説明できるようにしておきましょう。

◆NISA口座から課税口座へ移行した場合の課税

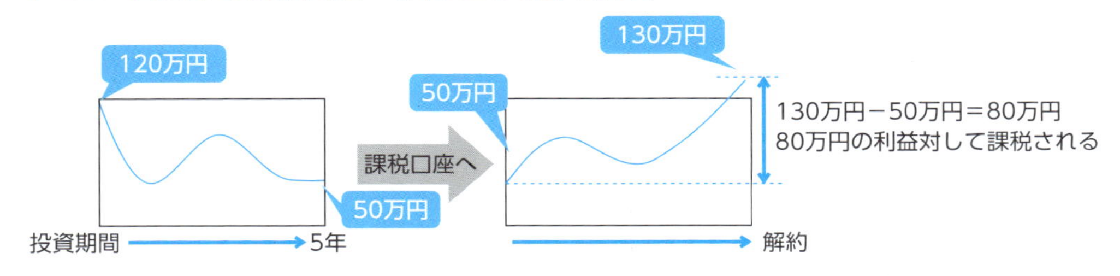

投信販売のプロフェッショナルから プラスワン

NISAは5年以内に売却しなければその間の値上がり益が非課税にならないと勘違いしているお客様は少なくありません。5年経過し解約、課税口座に移行、ロールオーバーのいずれを選択してもこれまでの値上がり益は非課税であることを丁寧に説明しましょう。せっかくの非課税制度ですから安心して利用していただけるようにわかりやすい説明を心がけてください。

⑦　金融機関の変更

1年ごとであれば金融機関を変更することが可能です。注意が必要なのは、少しでも枠を使っているとその年は変更ができないことです。特に、投資信託の分配金を再投資型にしているケースでは、いつの間にかNISA枠を使ってしまっているということもあります。変更手続には期限があり、当年分のNISA枠をほかの金融機関で利用したいときは、その年の9月末までに手続を完了する必要があります。その年の枠を少しでも使っている場合は、翌年の投資分からしか変更できません。

◆NISAの全体像

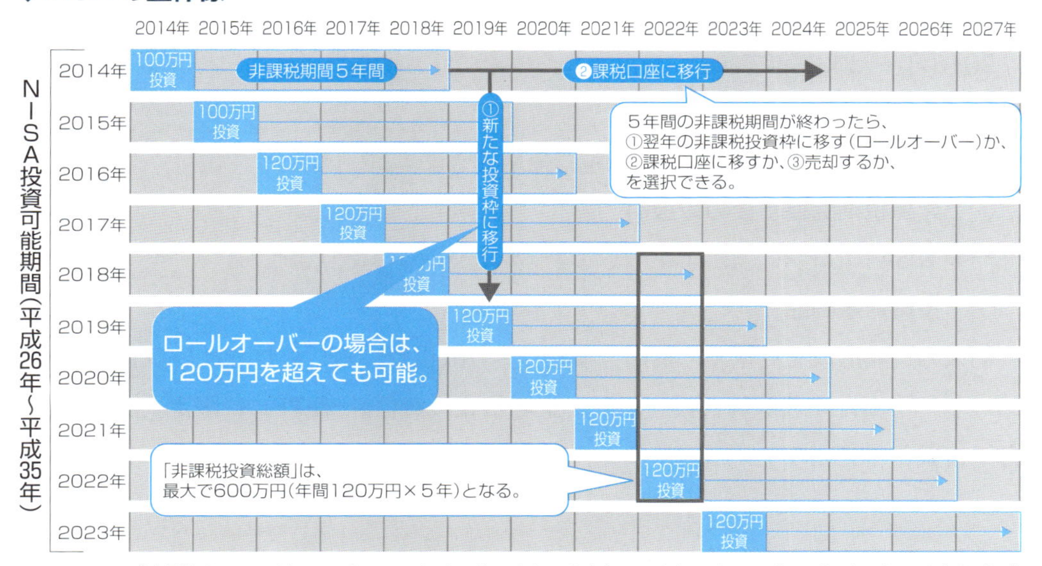

（出所）https://www.fsa.go.jp/policy/nisa2/about/nisa/overview/index.html より作成

(2)　つみたてNISA

つみたてNISAは、2018年1月に始まったNISA制度の中で最も新しい制度です。一般NISAの利用者に資産形成層が少ない状況や、NISAで積立てをしている人の平均積立額が3万円程度であることなどから現役世代の資産形成に、より適したつみたてNISAが誕生しました。

①　利用できる人

日本に住む20歳（口座開設をする年の1月1日現在）以上の人が対象です。1人1口座のため、一般NISAと同時に利用することはできません。

※　つみたてNISAと一般NISAとを年単位で変更することは可能です。ただし、既に投資信託を購入している場合は、その年は変更ができません。

② 非課税対象

金融庁が定めた基準を満たした投資信託から得られる分配金や譲渡益が対象です。

一般口座や特定口座内で発生した利益や損失は通算し税金を計算する「損益通算」が活用できますが、つみたてNISA口座内で発生した損失を通算できないのは、一般NISAと同様です。

③ 非課税投資枠

毎年40万円までという制限があります。非課税投資枠の総額は最大で800万円になります。枠の未使用分は翌年以降へ繰り越せません。

④ 投資可能期間

2018年～2037年です。

⑤ 非課税期間

投資資金は、最大で20年間非課税で運用できます。

⑥ 非課税期間終了後の取扱い

一般NISAのように、期間満了後のロールオーバーはありません。

⑦ 投資対象商品

個人の資産形成を見据え、長期・積立て・分散投資に適したものとして金融庁が定める基準を満たす公募株式投資信託と上場株式投資信託（ETF）に限定（2019年5月7日現在163本）されます。一般NISAの対象となる株式は含まれないので、注意

◆つみたてNISAの全体像

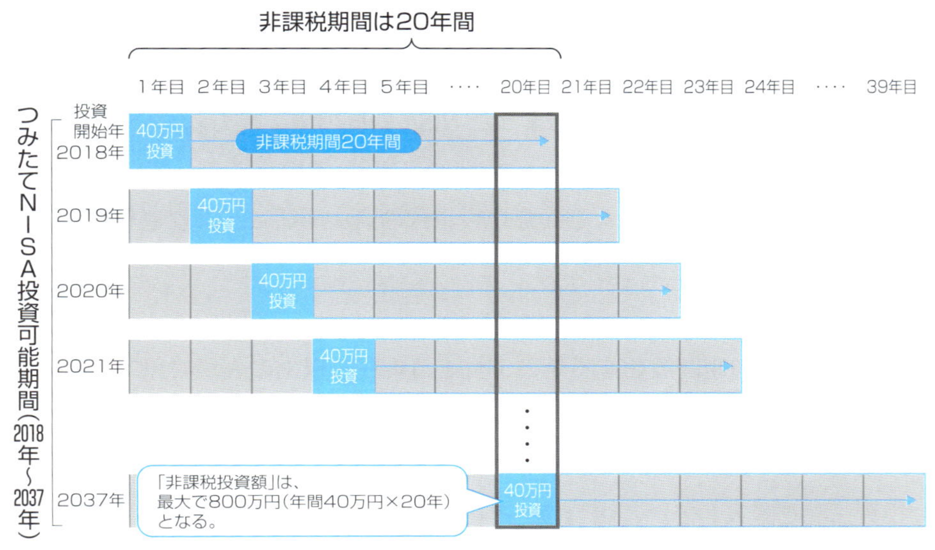

（出所）https://www.fsa.go.jp/policy/nisa2/about/tsumitate/overview/index.html より作成

しましょう。金融庁の基準とは、購入時手数料がかからないノーロードであること、毎月分配型でないこと、それに加え、運用管理費用がインデックス投信の場合は、投資対象が国内なら 0.5%以下、海外なら 0.75%以下、アクティブ投信の場合は、国内なら１%以下、海外なら 1.5%以下などと細かい規定が設けられています。さらにアクティブ投信は、純資産が 50 億円以上であること、信託期間が５年以上経過していること、信託期間の３分の２以上で資金流入が続いていることなどの厳しい基準を満たしたファンドのみに絞られています。このように、つみたて NISA は、投資初心者をはじめ、幅広い年代の方が長期の資産形式のために利用しやすい仕組みになっています。

⑶　ジュニア NISA

ジュニア NISA は０歳～ 19 歳が対象の制度で、2016 年１月にスタートしました。基本的な仕組みは一般 NISA と同じですが、投資可能額が年間 80 万円となっており、教育資金など子や孫の将来を見据えた制度として 18 歳まで払出し制限があるのが特徴です。また、０歳児も対象であることからわかるとおり、口座の運用管理は両親や祖父母などが代理で行います。

①　利用できる人

日本に住む０～ 19 歳（口座開設をする年の１月１日現在）が対象で１人１口座です。

未成年のため、実際の口座の管理運用は、２親等以内の親族（両親・祖父母など）が代理で行います。

◆ジュニア NISA の利用イメージ

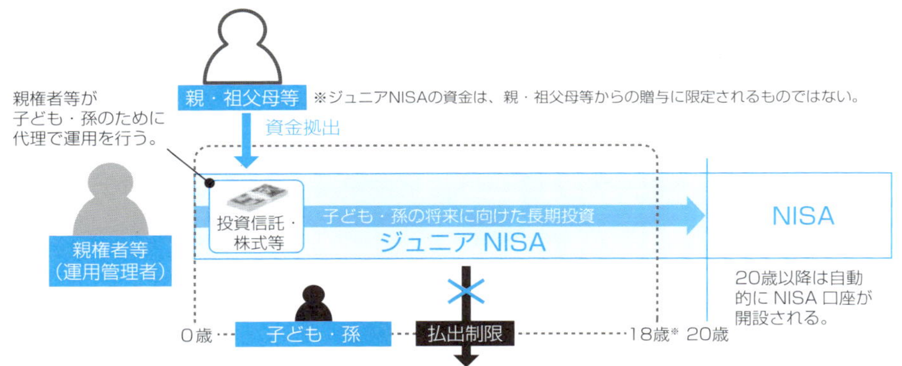

（出所）https://www.fsa.go.jp/policy/nisa2/about/junior/overview/index.html より作成

② 非課税対象

株式や株式投資信託、国内外の上場株式・ETF・REITなどから得られる配当金・分配金や譲渡益が非課税になります。

売却時に損失が出た場合は損益通算ができません。ただし、ジュニアNISA口座から払い出し、課税未成年口座へ移した後に生じた売却損は損益通算が可能です。

③ 非課税投資枠

毎年80万円までという制限があります。非課税投資枠の総額は最大で400万円になります。枠の未使用分は翌年以降へ繰り越せません。

④ 投資可能期間

2016年～2023年まで

⑤ 非課税期間

非課税期間は最長5年間です。

⑥ 非課税期間終了後の取扱い

5年経過後は、新たな投資枠へロールオーバーをすることが可能です。ロールオーバーの金額には上限はありません。

⑦ 払出し制限

18歳（3月31日現在で18歳である年の前年12月31日）まで、払出し制限があります。「大学入学に備えて引き出せる」と説明するとわかりやすいでしょう。

購入した金融商品は、払出し制限中も売却は可能です。売却資金は、「払出し制限付き課税口座」にプールされ、再度、ジュニアNISAの投資枠を使って再投資することも可能です。また、払出し制限付き課税口座でも金融商品は購入できますが、非課税は適用されません。

◆18歳までの払出し制限

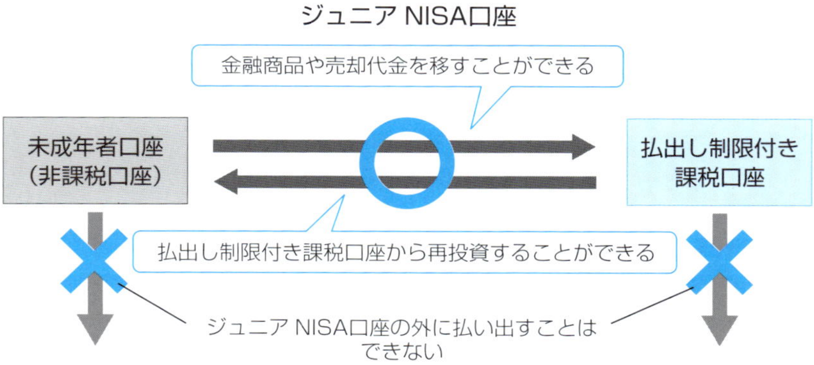

（出所）https://www.fsa.go.jp/policy/nisa2/about/junior/point/index.html より作成

もし18歳になるまでに現金を引き出す場合は、ジュニアNISA口座そのものを廃止しなければならず、過去にさかのぼって利益がすべて課税扱いとなります。ただし、災害等やむを得ない理由の時は非課税で受け取れます。

⑧　金融期間の変更

一般NISAなどのように年単位での金融機関の変更はできません。もしどうしても金融機関を変更したい場合は、現在の口座を完全に廃止したのち、新たにほかの金融機関で開設することになります。ただ、口座廃止をすると過去の利益等に課税されてしまいます。

また、ジュニアNISAは2023年までの時限措置となっているため、「2023年までに20歳を迎えるケース」と「2023年以降に20歳を迎えるケース」があり、それぞれ取扱いが異なります。

⑨　2023年までに20歳を迎えるケース

2023年のジュニアNISAが終了する前に20歳（1月1日時点）を迎える場合は、自動的にNISA口座が開設され、一般NISAかつみたてNISAを選択することになります。一般NISAを選択した場合は、ジュニアNISA口座（非課税口座）内の運用資金をすべて移すことができます。

◆ジュニアNISA制度期間内に20歳になる場合

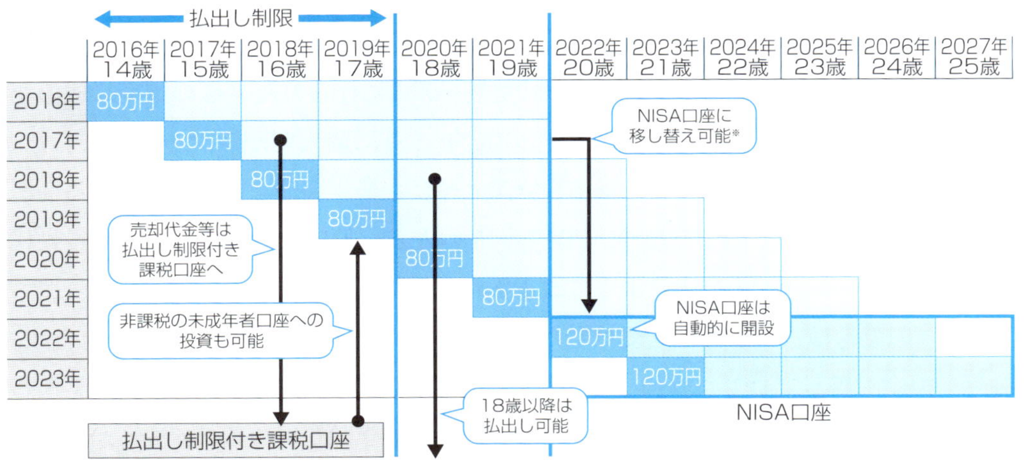

※非課税期間の５年間が終了したときに、ジュニアNISA口座からNISA口座（一般NISAのみ）へ移し替えられる場合は、移し替え可能な金額に上限はない。

（出所）https://www.fsa.go.jp/policy/nisa2/about/junior/point/index.html より作成

⑩　2023年以降に20歳を迎えるケース

2023年でジュニアNISAへの新たな投資はできなくなりますが、これまでに投資した資金が5年を迎えたら、「継続管理勘定」にロールオーバーが可能であり、引き続き非課税で保有でき18歳以降に払出しができます。最長20歳（1月1日時点で20歳である年の前年12月末）まで非課税で保有できます。その後20歳を迎えると、一般NISAまたは、つみたてNISAを選択することになります。

◆20歳になる前にジュニアNISA制度が終了してしまう場合

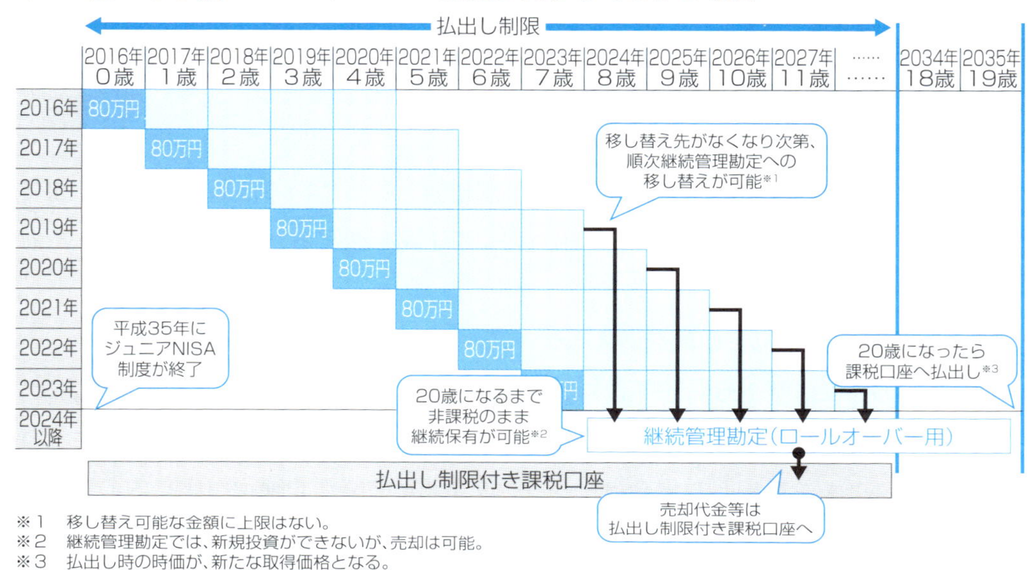

※1　移し替え可能な金額に上限はない。
※2　継続管理勘定では、新規投資ができないが、売却は可能。
※3　払出し時の時価が、新たな取得価格となる。

（出所）https://www.fsa.go.jp/policy/nisa2/about/junior/point/index.html より作成

⑷　iDeCo（個人型確定拠出年金）

確定拠出年金制度は、米国の401 K制度をモデルに作られた老後の資産形成のための制度で2001年10月に企業型が、2002年1月に個人型がスタートしました。元々、個人型は公的年金が手薄である自営業者や、企業年金がない企業に勤める従業員だけが加入できるものでしたが、2017年1月から、原則としてすべての現役世代（60歳未満の人）が加入できるように改正されました。

iDeCoの魅力は、税制優遇を受けながら老後のための資産形成ができることです。毎月、口座引落しでコツコツ積立てを行い、原則60歳以降70歳までの間に請求します（通算加入者等期間によって、受け取り開始可能年齢が異なるので注意が必要）。積立てる金融商品は、定期預金・生命保険のような元本確保型と、投資信託のような元本が確保されていないタイプがあり、好きなものを組み合わせて積立てることができます。

◆年金制度の全体像

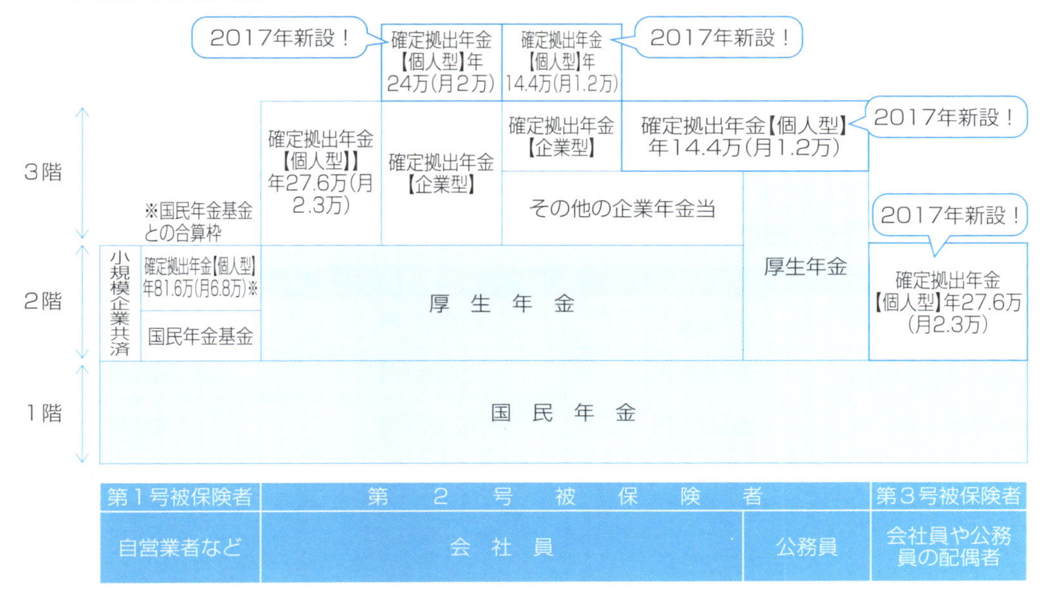

※1 企業型DCのみを実施する場合は、企業型DCへの事業主掛金の上限を年額42万円(月額3.5万円)とすることを規約で定めた場合に限り、個人型DCへの加入が認められる。
※2 企業型DCと確定給付型年金を実施する場合は、企業型DCへの事業主掛金の上限を年額18.6万円(月額1.55万円)とすることを規約で定めた場合に限り、個人型DCへの加入が認められる。

① 掛け金が全額所得控除される

iDeCoの掛け金は、全額が小規模企業共済等掛金控除の対象となり、所得から控除されるのが魅力です。つまり、税金を計算するうえでの課税所得が少なくなり、所得税、住民税の負担が軽減されます。生命保険に加入している方は、秋になると生命保険料控除証明書が届きますが、iDeCoも国民年金基金連合会から小規模企業共済等掛金控除の証明ハガキが届きますので、同様に年末調整や確定申告で手続きをします。

◆iDeCoの仕組み

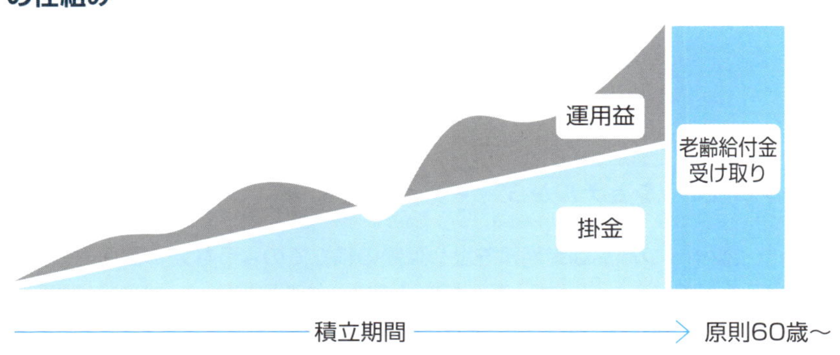

◆受け取り開始可能年齢

受け取り開始可能年齢	60歳	61歳	62歳	63歳	64歳	65歳
通算加入者等期間	10年以上	8年以上 10年未満	6年以上 8年未満	4年以上 6年未満	2年以上 4年未満	1ヵ月以上 2年未満

（出所）https://www.ideco-koushiki.jp/guide/より作成

◆節税効果の目安（掛け金23,000円の場合）

年収	所得税	住民税	合計
4,000,000円	13,800円	27,600円	41,400円
6,000,000円	27,600円	27,600円	55,200円
8,000,000円	55,200円	27,600円	82,800円

※社会保険料14％、給与所得控除、基礎控除、小規模企業共済等掛金控除のみで試算。その他の要件は考慮せず。

② 運用益が非課税になる

通常は、預貯金や投資信託から得られる利息や売却益等には20.315％（所得税15％、住民税５％、復興特別所得税0.315％）の税金がかかります。iDeCoの場合は、これらがすべて非課税になります。

③ 受取時に所得控除が適用される

受取方は、一時金または年金が選べますが、一時金の場合は退職所得控除が、年金の場合は公的年金等控除が適用されます。

このように、入口では現役時代の税負担を軽くしながら、運用時の利益等が非課税のため複利効果を最大限に発揮し老後の資産形成ができます。また出口でも所得控除が適用されるため、税金がまったくかからないというケースもあります。

投信販売のプロフェッショナルから **プラスワン**

iDeCoのラインナップ商品は定期預貯金や保険の積立てのような元本確保型の商品と、投資信託のような元本が確保されていない商品があります。投資信託は、一般の投資信託より運用管理費用が低めのものが多く魅力の一つとなっています。

④ 掛け金

掛け金の上限は、それぞれの立場で異なり、以下のようになっています。最低積立額が5,000円で、毎年、限度額の範囲内で金額を変更することもできます。

また､積立額をストップし､これまで積み立てた資金のみを運用していくことも可能です。

〈掛け金上限〉

自営業……68,000円
専業主婦……23,000円
公務員……12,000円
会社員……23,000円*

*企業型確定拠出年金のみ加入している会社員は20,000円、企業型確定拠出年金以外の企業年金等に加入している会社員は12,000円

⑤ 手数料

iDeCoは、いくつもの機関が役割分担し運営をしているため手数料がかかります。手数料の種類には、加入時の初期費用と、口座管理料等、受取時の手数料などがあります。加入時の初期費用は、国民年金基金連合会に支払う2,777円*1のみというのが一般的です。ランニングコストとなる口座管理料は、国民年金基金連合会へ支払う103円*2/月と事務委託先金融機関である信託銀行へ支払う64円/月の計167円/月に加え、運営管理機関に支払う費用が上乗せされます。運営管理機関への費用はそれぞれ定められており、中には0円のところもあります。ランニングコストの目安は月額167円～600円程度のようです。

また、受取時の手数料は振込料という位置づけで、一般に1回の受取りで432円です。振込みのつど手数料が引かれることになりますので、一時金でもらうか年金でもらうか、年金なら何回で受けとるのかなども受取時に検討する必要があります。

*1 2019年10月1日から、2,829円に変更予定
*2 2019年10月1日から、105円に変更予定

投信販売のプロフェッショナルから プラスワン

受取時の課税について、そもそも自分が積み立てたお金を受け取るのになぜ税金がかかるのかと疑問を感じた人もいるでしょう。これは、制度加入中に受けた所得控除が税の免除ではなく税の繰り延べという意味があるからです。ただ、一時金で受け取る場合は退職金扱い、年金として受け取る場合は公的年金扱いとして所得控除が利用できるため、かなりの税制優遇が受けられるようになっています。

6 メリット・デメリットの比較

お客様に NISA 制度や iDeCo を提案する時、どのように提案すべきか迷うことがあるかもしれません。これは、制度ごとの特徴（メリット・デメリット）を整理すると解決します。

まず、iDeCo についてです。節税という面で検討するなら断然、掛け金が全額所得控除できる iDeCo に軍配があがります。ただし、口座管理料などの手数料がかかることや 60 歳以降でないと払出しができないことはマイナス要因です。しかしながら、手数料は、所得税や住民税を払っている人なら掛金に対する税制優遇でおおかたカバーできますし、60 歳まで引き出せないことは、確実に老後資金を準備できるというメリットと考えることもできます。

iDeCo は、セカンドライフを充実させてくれる制度として、60 歳以降の自分にお金を届けるタイムカプセルの役目を果たしてくれます。いつでも引き出せる資金はつい当てにして払い出してしまうことも考えられます。つまり、貯蓄が苦手な人などにとってはメリットとお伝えしてもよいかもしれません。

注意したいのは、節税効果が高いからと無理して iDeCo で積み立てていると、その後子どもの教育費が必要な時に引き出せる資金がなく家計がショートしてしまうなどの可能性がある点です。また、住宅の頭金が準備できずに住宅ローンの借入額が大きくなってしまったり、借入額が大きくなったために融資の審査が下りないなども考えられます。iDeCo だけに偏らず、いつでも引き出せる NISA やつみたて NISA も上手に組み合わせて積み立てていきたいところです。

次に、一般 NISA とつみたて NISA についてです。一般 NISA は、年間の投資枠が 120 万円と 3 つの制度の中で最もまとまった資金を運用できるのが魅力です。ただ、今後（2019 年現在以降）の投資分はロールオーバーができないため、非課税期間が最長でも 5 年と限定的です。ある程度まとまった資金で中期的な運用を考えているお客様ならば、一般 NISA が選択肢となりそうですが、5 年以上の長期運用を考えているお客様ならば、P 58 以降に記したとおり 5 年後に課税口座に移した後の税金の考え方についても説明しておく必要があります。一方、つみたて NISA は、年間 40 万円までしか投資できませんが、購入時手数料がかからないことや、非課税期間 20 年というのは長期的な資産運用を考えたい人にとって大きな魅力と安心感につながります。ただ、まとめて投資ができず、投資信託の選択肢が限られます（なお、株式も買えない）。

また、一般NISAの場合、未使用のNISA枠を使いながらリバランスをすることも可能ですが、つみたてNISAは積立てが要件のため制度の中でのリバランスはできません。このようにそれぞれ一長一短ありますが、非課税の枠をいかに使いこなすかではなく、そもそも資産形成のために投資を取り入れるための手段であることを忘れてはなりません。あくまで非課税制度は資産形成をサポートするおまけだと考えましょう。それを踏まえた上で、ある程度、投資可能な資産をお持ちの方は一般NISAを、これから資産形成を始めるという方や投資初心者などでリスクへの不安が大きい方などはつみたてNISAというように、お客様の意向や目的を伺いながら提案をしていきましょう。

◆NISA、つみたてNISA、iDeCoの違い

		NISA	つみたてNISA	iDeCo
税制優遇	掛け金	—	—	小規模企業共済等 掛金控除
	運用益	非課税	非課税	非課税
	受取時	—	—	公的年金等控除 退職所得控除
投資限度額（年額）		1,200,000円	400,000円	＊立場により異なる 自営業者など 公務員など 企業年金に加入している 会社員かどうか
引出し		いつでも可能	いつでも可能	原則60歳以降
リバランス		可能 ＊新しい枠を使う	難しい ＊積立てのみのため	何回でも可能

トーク例：ライフプランを踏まえた制度の使い分けの提案

「積立てを始めたいのですが」

「ありがとうございます。積立額はおいくらをお考えでしょうか？」

「毎月5万円です」

「もしよろしければ、何のための積立てかお聞かせいただけますか」

「とくにナニというわけではないけど、先々困らないように…」

「でしたら、いくつかの目的に分けた積立てをご提案いたします」

「目的に分けた積立て？」

「はい、近い将来引き出すかもしれないお金は“定期預金”、老後のための資金なら“iDeCo”。それ以外は“つみたてNISA”という考え方です」

「iDeCoとつみたてNISA……聞いたことあるけど、どんなものなの？」

「どちらも投資を取り入れた資産形成のための制度で、税金の優遇を受けながら積立てられます」

「詳しく聞かせてくれる？」

「はい、ご説明させていただきます」

第3章

お客様別・シーン別推進トーク例

1 お客様の世代別提案

❶ お客様のニーズを引き出すには

お客様のニーズを引き出すためには、お客様と会話をすることが必要です。つまり、コミュニケーションが不可欠ということになりますが、若い行職員などから「年上のお客様との会話は苦手、何を話していいかわからない」という声をよく聞きます。確かに人生の先輩である方々との会話は緊張します。

ただし、あまり身構えずその時の状況や身に付けているものなど目に入るものから会話のきっかけを見つけていくのも方法です。

例えば、おしゃれな格好をしている方だったら、

「お召し物が素敵ですね。とてもお似合いです」

などと話しかけてみるのもよいでしょう。褒められて嫌な気持ちになる人はいません。もしかしたら、

「そうかい。実はこれはね……」

と会話が弾むきっかけになるかもしれません。もし、お孫さんをお連れだった時には、

「お孫さんですか、可愛らしいですね。おいくつですか」

などと言ってみましょう。また、天気の話はどんな時でも使えます。

「今日は気持ちが良いお天気ですね。これからどこかにお出かけですか」

「雨の中、お運びいただきありがとうございます。濡れませんでしたか？」

「今日は午後から晴れるそうですよ」

などです。そんな少しの会話でも、温和な雰囲気でお話をされる方とか、反対に早口で端的な印象の方とかを読み取れ、声のトーンや話し方、表情、素振りなど、お客様の人柄を垣間見ることができます。また、時間の余裕がありそうなのか、お急ぎなのかも感じ取ることができる場合がありますので、もしお急ぎのご様子でしたら、

「税の優遇を受けながら資産形成ができる制度ができたんですよ。一緒に封筒にお入れしておきますね」

と、サッとパンフレットをお渡しするなど、簡単な情報提供をする程度に留めます。

会話を続けられそうなお客様には、最初の雑談をきっかけに話を広げていくといいでしょう。その際、皆さんに意識していただきたいのが、お客様のライフイベントです。人生という時間軸のなかで、このお客様はどの位置を歩んでいるのか、これからどんなライフイベントを歩むのかをイメージします。そうすることで、マネープラン

の課題や解決策などをお客様目線で感じ、話をすることができます。

❷ 一般的なライフイベントとマネープラン

下図で、世代ごとの一般的なライフイベントやマネープランを確認しましょう。これから、お客様とどんな会話を交わしたらよいのか、どうしたらお役に立てるのかをトーク例を通じて紹介していきます。当然ですが、人生のイベントを世代で簡単に分けられるものではありません。実際はお客様との会話を通じて変化させる必要がありますので、一般的な例として参考にしてください。

◆一般的なライフイベントとマネープラン

	20代	30代	40代	50代	60代	70代	80代
	独立期	家族形成期	家族成長期	家族成熟期 子供の独立期	高齢期		
ライフイベント	就職	結婚	子どもの進学（小・中学校）	子どもの進学（高校・大学）	定年退職		
	一人暮らし	子どもの誕生			子どもの就職結婚 孫の誕生		
		住宅の購入			住宅のリフォーム		
					親の相続（自分の相続）		

マネープラン

- マネープランがスタート
- 貯蓄や保険について考え始める
- 晩婚化が進み未婚者が多い傾向
- 資産運用の基本を知りたい
- 貯蓄の仕組み作りや習慣を付ける第一歩

- ライフプランを考え始める時期
- 結婚や子の誕生 妻の勤務形態はどうするか
- 住宅購入費の準備
- 幼稚園就園前、小学校の間は第１次貯蓄期
- 徐々に教育費の負担が増す。40代後半くらいから徐々にピークへ

- 老後資金を本格的に準備する第２次貯蓄期
- 子が独立し、夫婦だけの生活へ
- だんだん健康への不安がでてくる

- 定年後に再就職
- 住宅ローンの残債を返済
- 年金生活へ
- 退職金の運用や取り崩し
- 自宅のリォーム
- 親の介護
- 相続対策に関心

CASE 1　20 歳代（社会的自立期）の場合

20 歳代は、学生から社会人になり、本人を取り巻く環境が大きく変化する時期です。社会人生活がスタートすると、学生時代に比べて自由に使えるお金が増えます。この時期はマネープランをスタートさせる絶好のタイミングですから、早い時期に資産形成に向けた知識の習得や給与天引き、自動引き落としによる仕組みを作っていくことを提案しましょう。まだ資産が少ない世代のため、金融機関にとって大きな収益には結びつきませんが、ここで信頼関係を築くことができれば、一生涯のマネーアドバイザーとして長いお付き合いを続けていくことができます。

例えば、20 歳代への会話のきっかけは、

「将来のための貯蓄などはお考えになっていますか？」
「将来の結婚資金の準備などはお考えですか？」
「例えば車の購入や海外旅行など、近い時期にまとまったお金が必要になる予定はございますか？」

というように、住宅・教育・老後の三大資金というよりは、まずは比較的近い将来の資金ニーズや貯蓄への考え・意欲などついて質問をしてみましょう。若いうちから少しずつ積立てをしていくことの大切さや現在は低金利であること、インフレリスクについて説明したうえで資産形成の一つの選択肢として、投資信託で積み立てる方法があることをお伝えしてみましょう。

「若い人が始めやすい“つみたて NISA”という非課税投資の制度ができました。ご存知ですか？」

などと、ダイレクトに投資をサポートする制度のお知らせをすることも有効です。

トーク例

「○○様、例えば車を購入する資金の準備など将来のための貯蓄はされていますか？」

「貯めているよ。普通預金に」

「しっかり考えていらっしゃるのですね。せっかくならもっと効率的に貯蓄する方法をご存知ですか？　それは口座振替で積立てをすることです」

「へー、そうなの？」

「口座振替で積立ての登録をしておくと、意識しなくても知らず知らずに貯蓄ができますのでお勧めです」

「なるほどね」

「ちなみに、毎月いくらくらい貯蓄したいとお考えですか？」

「そうだな、3万円できればいいかな」

「それでしたら、たとえば２万円を定期預金へ、１万円を投資信託へと分けて積み立てるのもいいかもしれません」

「分けて積み立てる？」

「はい、今は金利が低く預貯金では利息がほとんどつきません。もちろん、元本が保証されているので安心ですし、いつ使うかわからないというお金であれば定期預金での積立てが適しています。ただ、将来に向けてある程度時間をかけることができるお金なら、投資信託を積み立てる方法で資産形成なさるのもよいと思います」

「なるほど」

「“つみたてNISA”という利益が非課税になる制度で、国も投資信託での資産形成を後押ししています。少額からでも始めてみてはいかがでしょうか？」

「投資信託？　つみたてNISA？」

「○○様、もう少し詳しくお話をさせていただいてよろしいでしょうか？」

「お願いします」

CASE 2　30歳～40歳代（家族形成期・成熟期）の場合

結婚をして自分の家庭をもつ人が増える世代です。子どもの成長とともに、教育費や住宅取得資金など大きなお金のかかるイベントが続き、さらに自身の老後資金の準備も気になり始める時期でもあります。

子どもの誕生によって、親として子どものために「貯蓄をしなくては」とマネープランへの意識が高まります。教育費は必要になる時期がはっきりしていますから、なるべく早く準備をはじめることが大切です。お子様誕生の情報をキャッチしたら、具体的に必要な教育資金の金額を示して積立てなどの提案をするのが効果的です。

また、共働き家庭が増えるなか、出産を機に仕事をやめるべきかという悩みを抱える人もいます。

さらには、マイホーム取得についても関心が高い時期です。頭金はどのくらいあればよいのか、教育費準備とのバランスなど的確なアドバイスをすると喜ばれるでしょう。お金のかかるライフイベントが次々と続きますので、生命保険やローンなども含めお客様と金融機関の接点が増える時期でもあります。

30歳～40歳代でどんなマネープランを立てるか、それを実践できるかは将来の生活を大きく左右します。短期的、中期的、長期的な視点で、それぞれの資産形成の方法を提案しましょう。

例えば、30歳～40歳代への会話のきっかけは、

「児童手当はどうされていますか？　積立てを始めるとよいですよ」
「マイホーム取得をお考えですか？　早めにマネープランを立てておくと安心ですよ」
「将来、今のような年金は期待できませんし、早いうちから備えておきたいですね」

と、教育資金の準備や住宅のニーズ確認、老後資金など三大資金のそれぞれついて展開することができます。

トーク例

「いらっしゃいませ。あら、可愛らしい赤ちゃんですね。お子様はおいくつでいらっしゃいますか？」

「10ヵ月です」

「本当に可愛らしいですね。そういえば、児童手当はもう受け取られましたか？」

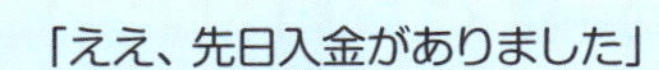

「ええ、先日入金がありました」

「児童手当は中学生までもらえるのですが、総額でどのくらいもらえるかご存知ですか？」

「いくらなの？」

「約 200 万円です」

「そんなに！　無駄遣いしないでちゃんと貯めておけば教育費として頼りになりますね」

「そうですね。仮に私立理系の大学なら 4 年間で 500 万円程度は必要です。児童手当で学費の 4 割が準備できるということになりますね」

「へーなるほど。このまま生活費の口座に入れておくと使ってしまいそうで気になっていたの。どうしたらよいかしら」

「貯蓄もよいのですが、低金利の時代でなかなか増えてくれません」

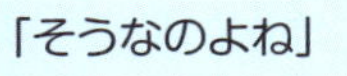

「そうなのよね」

「高校受験と考えても教育費が必要になるのは 15 年先ですから、“つみたてNISA”という非課税制度を活用した投資信託の積立てを検討されませんか？」

「つみたて NISA とか投資信託とか最近よく聞くけど、私にもできるかしら？」

「詳しくご説明させていただいてもよろしいでしょうか」

◆学習費の総額（1年間）

	公立	私立
幼稚園	230,000円	480,000円
小学校	320,000円	1530,000円
中学校	480,000円	1330,000円
高校	450,000円	1040,000円

※給食費・学校外活動費を含む
（出所）文部科学省「子供の学習費調査」平成28年度より作成

◆大学の初年度納付額

	入学料	授業料	施設設備費	合計
国立	282,000円	536,000円	＊　―	818,000円
私立文系	235,000円	759,000円	157,000円	1,151,000円
私立理系	256,000円	1,071,000円	190,000円	1,517,000円

＊徴収される場合あり

（出所）文部科学省「国立大学等の授業料その他の費用に関する省令」「平成28年度私立大学等入学者に係る初年度学生納付金平均額調査」より作成

◆受験から入学までの費用（私立大学）

	受験費用	家賃	敷金・礼金	生活必需品	初年度納付金	合計
自宅通学	229,600円	―	―	―	1,316,816円	1,546,416円
自宅外通学	246,500円	61,600円	207,600円	328,300円	1,316,816円	2,160,816円

（出所）東京私大教連「私立大学新入生の家計負担調査」2017年度より作成

◆児童手当の支給額

	～3歳未満	3歳～小学生	中学生
1人目・2人目（各）	15,000円／月	10,000円／月	10,000円／月
3人目以降	15,000円／月	15,000円／月	10,000円／月

※一定以上の収入がある場合は、子1人につき一律5,000円／月
※2月、6月、10月にまとめて支給される

◆児童手当受取総額の試算例

<子が１人目・２人目の場合>
（15,000円×12ヵ月×３年）＋（10,000円×12ヵ月×９年）＋（10,000円×12ヵ月×３年）＝1,980,000円
<３人目以降の場合>
（15,000円×12ヵ月×３年）＋（15,000円×12ヵ月×９年）＋（10,000円×12ヵ月×３年）＝2,520,000円
※実際は生まれ月によって受取総額が異なる。

CASE 3 50歳代（家族成熟期）の場合

子どもが成長し、教育費がピークを迎えます。一般に貯蓄をする余裕がなく、取り崩すことが増えるため、教育費の準備が十分にできている家庭でも不安を感じるようです。

子どもが大学を卒業し、教育費や生活費の負担が減った後は、老後の資産形成に向けて貯蓄ペースを加速させる時期を迎えます。60歳以降の働き方を模索する人や、中には、反対に60歳前の早期退職を検討する人もいます。公的年金制度や社会保険など、リタイアを意識した総合的なアドバイスをすることにより信頼を得ることができ、先々の退職金の運用などの相談も頼りにしてもらえます。その他に、親の介護について考え始める時期でもあります。

例えば、

「リタイア後の生活費は夫婦で25万円前後といわれていますが、○○様のお宅では、リタイア後のご生活について考えていらっしゃいますか」

または、日本年金機構から送られてくる“ねんきん定期便”について、

「50歳を迎えると受取見込み額が記載されていますが、ご覧になられましたか」

などと声をかけてみてもよいでしょう。見方がわからずそのままにしている人は少なくないようです。さらに、

「次回、お持ちください。見方をご案内させていただきます。それを基に、定年までに準備するお金の目標額を考えてみてはいかがでしょう」

◆ねんきん定期便の見本（50歳以上用）

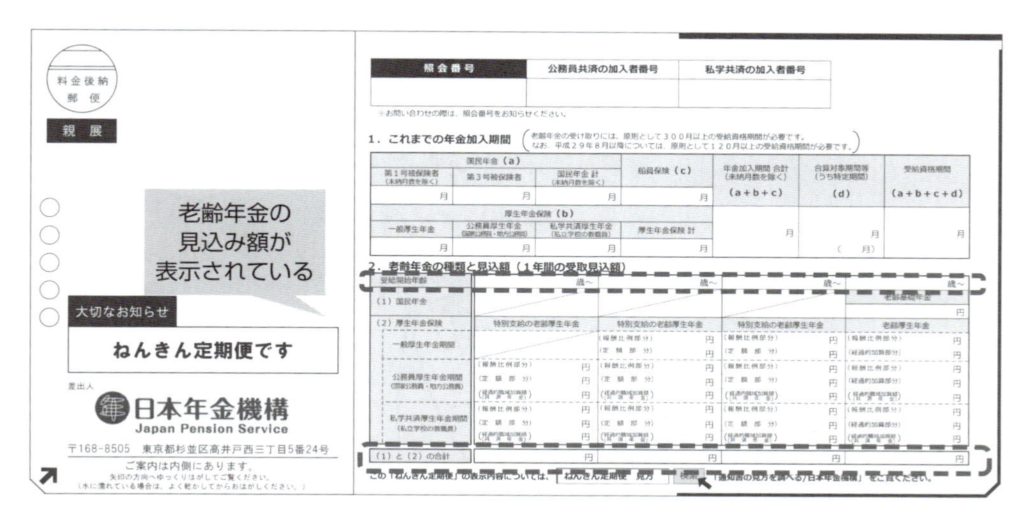

料金後納郵便

親展

大切なお知らせ

ねんきん定期便です

差出人

日本年金機構 Japan Pension Service

〒168-8505 東京都杉並区高井戸西三丁目5番24号

ご案内は内側にあります。
矢印の方向へゆっくりはがしてご覧ください。
（水に濡れている場合は、よく乾かしてからおはがしください。）

照会番号	公務員共済の加入者番号	私学共済の加入者番号

※お問い合わせの際は、照会番号をお知らせください。

1．これまでの年金加入期間（老齢年金の受け取りには、原則として300月以上の受給資格期間が必要です。なお、平成29年8月以降については、原則として120月以上の受給資格期間が必要です。）

国民年金（a）			船員保険（c）	年金加入期間 合計（未納月数を除く）(a+b+c)	合算対象期間等（うち特定期間）(d)	受給資格期間 (a+b+c+d)
第1号被保険者（未納月数を除く）	第3号被保険者	国民年金 計（未納月数を除く）				
月	月	月	月			
厚生年金保険（b）						
一般厚生年金	公務員厚生年金（国家公務員・地方公務員）	私学共済厚生年金（私立学校の教職員）	厚生年金保険 計			
月	月	月	月	月	月（　月）	月

2．老齢年金の種類と見込額（1年間の受取見込額）

受給開始年齢	歳〜	歳〜	歳〜	歳〜
（1）国民年金				老齢基礎年金 円
（2）厚生年金保険	特別支給の老齢厚生年金	特別支給の老齢厚生年金	特別支給の老齢厚生年金	老齢厚生年金
一般厚生年金期間		（報酬比例部分）円 （定額部分）円	（報酬比例部分）円 （定額部分）円	（報酬比例部分）円 （経過的加算部分）円
公務員厚生年金期間（国家公務員・地方公務員）	（報酬比例部分）円 （定額部分）円 （経過的職域加算額（共済年金））円	（報酬比例部分）円 （定額部分）円 （経過的職域加算額（共済年金））円	（報酬比例部分）円 （定額部分）円 （経過的職域加算額（共済年金））円	（報酬比例部分）円 （経過的加算部分）円 （経過的職域加算額（共済年金））円
私学共済厚生年金期間（私立学校の教職員）	（報酬比例部分）円 （定額部分）円 （経過的職域加算額（共済年金））円	（報酬比例部分）円 （定額部分）円 （経過的職域加算額（共済年金））円	（報酬比例部分）円 （定額部分）円 （経過的職域加算額（共済年金））円	（報酬比例部分）円 （経過的加算部分）円 （経過的職域加算額（共済年金））円
（1）と（2）の合計	円	円	円	円

この「ねんきん定期便」の表示内容については、「ねんきん定期便 見方」検索「通知書の見方を調べる/日本年金機構」をご覧ください。

などとお客様の不安を取り除いたり、疑問を解消するお手伝いをしたりする姿勢が喜ばれます。いきなり退職金や資産運用の話をするのではなく、その方が何に関心や不安をもっているのかを想像しながら話しかけると、会話の延長線上で投資信託での資産形成や、預貯金以外の商品での運用などの提案もできます。

公的年金が65歳からの支給へとスケジュールが進むなか、2006年4月に施行された改正高年齢雇用安定法によって定年の引き上げや継続雇用の導入などが企業側に義務付けられました。これによって定年後も働く選択肢が増えています。50歳代半ば～後半に向かって、60歳以降の働き方をどうすべきか考える時期を迎えます。

例えば、

「もし毎月25万円（年間300万円）で生活するなら公的年金がもらえる65歳までに1500万円（300万円×5年）が必要ですね」

など、具体的に数字で示すと60歳以降の働き方や、リタイアまでの貯蓄の目標額、そのためにはどんな金融商品があるのかなどにも話が及びます。

◆高齢夫婦無職世帯の生活費と収入

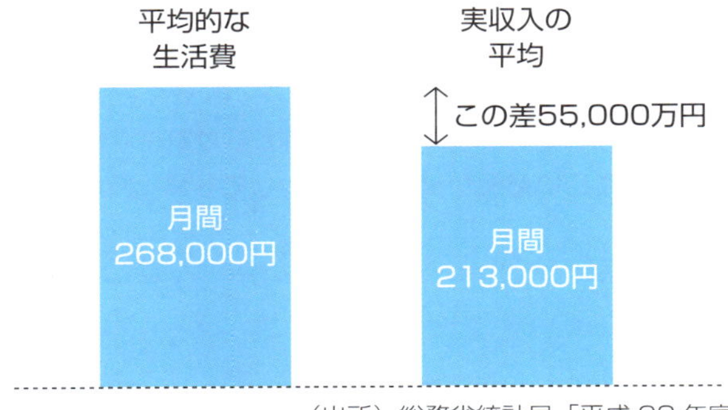

（出所）総務省統計局「平成28年家計調査結果」より作成

トーク例

「○○様、授業料のお振込みを確かにお預かりいたしました」

「ありがとう」

「失礼ですが、お子様は何年生でいらっしゃいますか？」

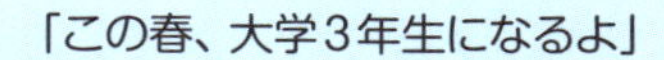

「そうなのですね。私も両親に高い学費をかけて大学に通わせてもらっていたことを、今になって感謝しています」

「そうなのよ。大きな出費だわ」

「お子様の学費もですが、生きているなかで最も資金が必要なのが老後資金でもあります」

「そうよね。気にはなっているの。お金、足りるかしら」

「リタイア後の生活費の目安は夫婦で25万円前後といわれています。仮に65歳から90歳までの30年間なら9,000万円かかる計算です」

「9,000万円！」

「もちろん公的年金があるので、全額準備しなければならないわけではありませんが、どのくらい必要か試算して、少しでも早い時期から準備を始めるとよいですよ」

「そうよね」

「お給料から積立てを始められませんか？　それに加えて今この通帳にお預けになっている定期預金の一部を運用し、お金にも働いてもらうという方法もあります」

「お金にも働いてもらう？」

「私がお勧めしたいのは、投資信託です。NISAという制度を利用すれば、年間120万円までの投資から得られた利益が非課税になるというお得な制度もあります。5年先、10年先に使う予定の資金なら少しリスクを取って運用することをお考えになってはいかがでしょうか」

「あらそう。でも、退職金が入ってから考えようかしら」

「もちろん退職金で資産運用を始められるケースもありますが、今のうちに少しずつ投資をしておくと、投資のタイミングが分散されるためリスクの軽減の効果が期待できますよ」

「なるほどね。今は学費がかかる時期だけど、老後用の貯蓄もあるから少し考えてみようかしら」

「ありがとうございます」

CASE4 60歳代（リタイア期）の場合

定年を迎え、退職金や、これまで蓄えた資産を、どのようにしたらよいのか考える時期です。特に退職金は、急に大金を手にするので、それまであまりお金のことを考えてこなかった方でも、どこに預け、どのように運用していくべきかを考えることになります。ただし、今後は大きな収入が見込めないことから、資産を増したいと考える一方で、大きなリスクは取りたくないなどの思いも強くなります。

また、これまで現役で仕事中心だった生活から時間に余裕がもてるようになるため、夫婦で旅行に出かけたり趣味に熱中したりします。若かりし頃やり残したことに再チャレンジする人もおり、中にはプチ起業へと進むケースもあります。両親の介護や相続に直面する人も増える世代です。親の相続対策についてどうすべきか悩んでいる人、自身の相続準備を考えたいという人もいます。

相続は、財産がある人だけに関係するものではありません。次の代への思いをつなぐ手段として生命保険や教育資金贈与、ジュニアNISA、遺言信託などいくつかの選択肢のなかから、お客様の希望をより具体的に叶えられる方法を提案していきたいところです。

60歳代の方への声かけは、

「長い間お疲れ様でございました。退職金の運用方法はお決めになりましたか？」
「お孫さんのために積立てはいかがですか？」

などとするのもよいでしょう。相続財産を受け取られている場合は、

「ご相続で受け取られた資金について、使いみちなどお考えになっていらっしゃいますか？」

と、尋ねてみてもいいでしょう。せっかく受け継いだ資産だから子や孫へ残してあげたいと考えていらっしゃるかもしれません。お考えに合わせて定期預貯金や生命保険、投資信託など、具体的な提案をしましょう。

トーク例

「長い間お疲れ様でございました。退職金の運用方法はお決めになりましたか？」

「もう年だからリスクは取れないな。金利は低いけど安全確実だし、そのままにしておくよ」

「確かに投資は元本保証ではありません。ただ、貯金が必ずしも安心でリスクがないというわけでもありません」

「というと？」

「インフレのリスクです。少しずつ物価が上がっている今、利息だけでは物価上昇についていけず、実質的にお金の価値が目減りしている状況です」

「ほぉ」

「ですので、ご資産の一部を投資信託のような増やすことが期待できるものに振り向けることをご検討なさる方も増えていますよ」

「なるほど」

「リスクを抑えながら安定運用を目指す投資信託もありますので、よろしければお話だけでも聞きになられませんか」

「じゃあ、ちょっと聞かせてくれないか」

CASE 5　シングル（単身世帯）の場合

ライフスタイルや価値観が多様化しており、生涯シングルで過ごす人も増えています。シングルの方は、一般的には既婚者に比べ時間やお金を自由に使うことができるため余裕があり、趣味や旅行など自由で日々謳歌している人が多いようです。一方で、今は元気だからよいが先々は一人になる、老後を迎える時に頼りにできる人がいない、兄弟も一緒に年をとるので将来介護が必要になった時に困らないようにしておかなくては、などといくつもの不安を抱えています。なかには、財産を残す必要がないため死ぬまでにすべて使い切りたい、と考える方もいます。

また、今はシングルで今後もそのつもりと思っていても、思いがけず結婚することになったという報告を受けることがあります。

このように、現状が続いた場合だけでなく、大きくライフプランが変わった場合のマネープランの調整しやすさも考えて商品提案をする必要があります。例えば、老後や介護に備えるために保険の加入という提案も考えられますが、貯蓄の大半を保険にしてしまうと後々プランの見直しが難しくなります。その点から考えると、投資信託は運用状況には左右されるものの、いつでも解約や積立て金額の変更などができるため、状況の変化への対応がしやすいといえます。

そのようなシングルのお客様には、

「将来のためのマネープランは立てていますか？」
「つみたて NISA や iDeCo という制度がありますよ」

などと話しかけてみましょう。

トーク例

「○○様、先日、ハワイ旅行にいくとおっしゃっていましたが、いかがでしたか？」

「楽しかったわ」

「いいですね。ハワイへはよく行かれるんですか？」

「そうなの。毎年行くようにしているの」

「いいですね。もしかしてセカンドライフはハワイへ移住とか……」

「そうは考えてないけど、元気なうちは定期的に行きたいわ」

「でしたら、セカンドライフも毎年ハワイに行けるようにしっかり資産形成をしておかれるとよいですね」

「やっぱりそう？　気にはなっているのよね」

「リタイア世帯の収入の平均は月額で約 12 万円です。不足分は今のうちから準備しておくといいですよ」

「そうよね。今は両親がいるからいいけど、いつかは1人になるし、介護なんかも心配だわ」

「でしたら、今から少しずつ投資を始めてはいかがでしょうか」

「投資？」

「はい、iDeCo や NISA という税金面でお得な制度もあります」

◆高齢単身無職世帯の生活費と収入

平均的な生活費	実収入の平均
月間 156,000円	月間 120,000円

この差36,000円

（出所）総務省統計局「平成 28 年家計調査結果」より作成

CASE6 ディンクスの場合

ディンクスとは子どものいない夫婦で二人とも仕事をもっている家庭のことをいいます。お互い経済的に自立して生活費以外はお金を自由に使えるため、自分の趣味を楽しみながら友人との交流も多く、ゆとりある充実した生活を送っている人が多いようです。お財布が別々でお互いがいくら貯金をしているかなどが見えにくいという家庭が多く、いざ蓋を開けたらほとんど貯蓄がないというケースも珍しくありません。定年が近づいてきて初めて先々を案じ､資産形成の必要性に気づくという人もいます。

ディンクスのお客様には、

「いつも仲が良くてうらやましいです。ご旅行楽しんできてくださいね。ところで、お２人で将来について話し合ったり、リタイア後のプランを考えたりすることはありますか？」
「老後は夫婦２人で生活費が 9,000 万円～１億円もかかるという統計もあります。早めに始めるほど無理なく準備が進められます」

など、統計値を示しながら夫婦で今後の資産形成について考える機会を提供すると喜ばれます。

トーク例

「先日は、生命保険のご契約ありがとうございました」

「こちらこそ、ありがとう」

「医療保険で病気のリスクに備えていただいたのですが、長生きのリスクについてはいかがお考えですか？」

「長生きのリスク？」

「はい、ご夫婦で将来について話し合ったり、リタイア後のプランを考えたりすることはありますか？」

「そういえば、ないね」

「65歳を、迎えた方の平均余命は男性で約84歳、女性で89歳です。現役時代の就業時間を合計すると8万時間くらいあるのですが、リタイア後の余暇も同じくらいあるようですよ」

「8万時間も！」

「ですので、これまで忙しくてできなかったことなどにもチャレンジできます。ただ、その分のマネープランもしっかり立てておかなければなりません」

「妻、貯めてくれているかな……」

「一度、今後の資産形成について奥様と一緒にご相談なさいませんか」

「そうだなぁ。心配になってきたよ」

◆リタイア後の余暇

＜現役時代＞　残業含め１日９時間勤務とする　９時間×20日×12ヶ月×38年＝82080時間

0	1	2	3	4	5	6	7	8	9	10	11	12	13	14	15	16	17	18	19	20	21	22	23
睡眠									就業				就業										睡眠

＜リタイア後＞　余暇が１日９時間あり、25年間続いた場合　９時間×30日×12ヶ月×25年＝81000時間

0	1	2	3	4	5	6	7	8	9	10	11	12	13	14	15	16	17	18	19	20	21	22	23
睡眠									余暇					余暇						余暇			睡眠

ここまで、世代別のライフイベントやそれにまつわるお金の課題などについて説明しました。

いきなり投資信託の話をするのでは、ただそれをお客様に買って欲しいという販売側の目線だけになってしまい、どうしても売りつけられているイメージが先行します。そうなると、後でどんなによい話をしても受け入れていただけなくなることもありますから、資産運用がなぜ必要なのか、それを始めるとどんなよいことがあるのかを、お客様の立場になって伝えることが大切です。お客様が自分事として考えることができ、納得感をもっていただくことを第一に考えましょう。

◆◆ストーリーを描こう◆◆

「今後のライフイベント」→「マネープラン（資産運用）の必要性」→「解決策」という流れを、ストーリーを描きながら展開していくとスムーズな会話ができ、金融機関行職員としてのアドバイスや提案ができます。

〈今後のライフイベント〉
・子どもの学校や将来のこと
・趣味や旅行のこと
・老後のこと
・病気や介護のこと
・マイホーム購入のこと
・働き方のこと
・将来の年金のこと　　など

〈マネープラン（資産運用）の必要性〉
「子どもの教育費が必要だから、マネープラン（資産運用）が必要です」
「老後も楽しく過ごしたいから、マネープラン（資産運用）が必要です」
「金利が低い時代だから、マネープラン（資産運用）が必要です」
「高齢化で年金不安があるから、マネープラン（資産運用）が必要です」
「インフレでお金の価値が目減りしてほしくないから、マネープラン（資産運用）が必要です」
　など

〈その解決策として〉
「リスクを抑えながら運用できる投資信託がお勧めです」
「少額から投資できる投資信託をお勧めします」
「初心者でも始めやすいのは、投資信託です」
＊必ずしも投資信託ということではなく、１つの選択肢として投資信託が提案できるという意味です。

2 シーン別の提案

ここから、想定される様々なシーン別にトーク例をみていきます。目の前にお客様がいることを想像し、皆さんならどんなアプローチをするかも考えてみましょう。

CASE 1 預貯金金利に不満があり、定期預貯金・国債の満期を迎えるお客様へのアプローチ

お客様のほとんどは、金利が低いことに不満を感じていらっしゃいます。満期のご案内など今後の運用方針を考えるタイミングで、利回りが期待できる投資信託のご案内を差し上げると効果的です。

トーク例

「○○様、いつもありがとうございます。間もなく国債の償還を迎えますが、今後お使いになるご予定はございますか？」

「特別にはないが、また国債を買う気持ちにはならんなぁ」

「日銀の政策などから利回りがずいぶんと下がってしまっているのが現状です」

「そのようだね」

「○○様、もう少し高い利回りを望まれるなら外国の国債に投資する投資信託を検討されるのもよろしいかと思います」

「外国の国債？」

「はい、世界を見渡すと、日本より金利が高い国は沢山あります。その国の債券を保有することで、高い利息収入が期待できます」

「ほぉ、いいね」

「ただ、外国の債券なので、為替レートの影響を受けます」

「円高とか円安とかいうやつだよね」

「そうです。もし為替レートの影響を抑えたいなら、為替ヘッジ付きの投資信託もあります」

「へー、そうなんだ」

「よろしければ、お話だけでもお聞きいただけませんか」

「それじゃあ、お願いするよ」

生命保険の見直しで余裕が出た分を資産運用にあてる提案

更新型の生命保険に加入しているお客様への提案例です。更新型に限らずどのような保険でも考えられる内容です。保障を見直し保険料が抑えられたなら、その分を将来の資産形成に充てられます。

トーク例

「この度は、保険の見直しのご依頼ありがとうございます。1つお尋ねしてもよろしいでしょうか」

「いいわよ」

「○○様は、更新タイプの死亡保険にご加入ですね。次の更新が来年になっていますが、更新後の保険料は、月額2万円程だったのが4万円くらいまで上がるようです」

「そうなのよ。高いわよね」

「○○様は、お子様がもうすぐ大学を卒業なさることですし、貯蓄もお持ちでいらっしゃるので、今後は保障額を減額されてもよさそうです」

「なるほど」

「また、医療保障が80歳までとなっているようですが、それ以降も保障をご希望でしたら、今のうちに、終身の医療保険に入り直すことを検討なさるとよいのではないでしょうか」

「あら、医療保障は年を取ってから必要になりそうだから、入り直したいわ」

「でしたら、全体的に見直しが必要ですね。保険料もずいぶん抑えられそうです」

「わぁ、それは嬉しいわ」

「継続したら来年から４万円の保険料となるはずでしたので、見直し後の保険料との差額分を積立投資にあててみませんか？」

「積立て投資？」

「はい、よろしければ保険の見直しと合わせて詳しくご案内させてください」

CASE3 投資タイプの生命保険と投資信託の特徴についてのアドバイス

外貨建て保険や変額保険などで積立てをしているケースがあります。このタイプの保険は、死亡保障を確保しながら資産運用ができるという魅力があります。ただ、死亡保障に保険料の一部が充当されるため、その分運用効率が悪くなります。このような方へのアドバイス例をみていきましょう。

トーク例

「保険の見直しのご依頼ありがとうございます。○○様は、ドル建て終身保険で積立てていらっしゃいますが、こちらは、どのような目的で始められましたか？」

「貯蓄代わりに入ったの」

「そうなのですね。ドル建てなので日本より金利が高いのが魅力ですね」

「そうらしいわね」

「確かに、貯蓄タイプではありますが、生命保険のため死亡保障がついています。保険料の一部が保障に振り向けられていますので、もし資産運用のみが目的でしたら投資信託の方が効率的です」

「そうなの？」

「お客様の場合、死亡保障はほかにも十分に入っていらっしゃるようなので、見直しをするのもよろしいのではないでしょうか」

「なるほど」

「解約をすると積立額を下回る可能性がありますので、“払い済み”といって今後は保険料を支払わず、これまでかけた分に対する死亡保障だけを残すという方法もあります」

「そうなのね」

「保険会社によって取扱いが異なる場合がありますので、一度ご確認なさるとよいですよ。今後は、掛け金を全額運用できる投資信託をご提案いたします」

「なるほど。いい提案をありがとう」

CASE4 投資で損失を出したことがあるお客様へのアドバイス

これまでに投資信託を購入したことがあるお客様の中には、損失の経験しかない方が一定数いらっしゃいます。そんなお客様の話を聞くと、流行りもののファンドを購入していたり、値動きに一喜一憂して損切りしてしまったケースなど運用の基本が押さえられてないことも少なくありません。まずは、しっかりお話をおうかがいして、そのうえで長期分散投資の必要性についてアドバイスをしていきましょう。

トーク例

「いつもありがとうございます。普通預金にお預けいただいている資金は、暫くお使いの予定がないようでしたら、増えることが期待できる投資信託をご検討なさってはいかがでしょうか」

「投資信託は損するからねー」

「購入されたことがおありですか？」

「数年前に買ったらどんどん下がって結局2割損したよ」

「どのような投資信託だったのですか？」

「確か石油関連株のファンドだったよ」

「投資信託は、株式や債券など幅広く分散投資ができるのが魅力です。お客様が購入なさった投資信託は、石油関連業種の会社の株式のみに投資するというテーマ型の商品だったようですね。テーマを絞って投資する投資信託もたくさんありますが、そのテーマが長続きしなかった場合や加熱しすぎている場合などにはよい結果が出ないこともあります」

「そうだね。あの時はうまくいくと思ったのだけどね」

「投資の戦略として、コア・サテライト戦略という方法があります。これは、コア（核）となるファンドとサテライト（衛星）となるファンドを分けて投資戦略を考えていく方法です」

「ほぉ」

「食事に例えるとコア部分はご飯で、サテライト部分はおかずのようなイメージです」

「なるほど」

「コア部分は、主食となるものなので、中長期的に安定した成長が期待できるファンドが好ましく、世界の株式や債券に広く分散投資できるものがいいと言われています。」

「そうなんだ」

「核がしっかりできたら、高いリターンを目指した特定分野に集中する積極運用のファンドであるおかずを少しずつ選ぶといいと思います」

「では、以前持っていたのはサテライトということになるね」

「さようでございます。サテライトは高いリターンが期待できる一方でその反対もあるので、まずは、コア部分で土台を作られて、その後でご興味がおありの分野などをサテライトとしてお持ちいただくのがいいと思います」

「そういうことか。コアのファンドにはどんなものがあるのかい？」

「ありがとうございます。いくつかのファンドをご案内させていただきます」

◆コア・サテライト戦略

「コア」（核）になる投資信託

・価格変動が相対的に小さいもの
・分散投資を行っている
など

「サテライト」（衛星）になる投資信託

・価格変動が相対的に大きいもの
・高い収益性、成長性が見込める
など

CASE 5 住宅ローンの繰上返済をすべきか迷っているお客様へのアドバイス

住宅ローンの繰上返済を行うと、前倒しで返済が進むため利息負担が軽減できるなどのメリットがあります。ただ、低金利の今、住宅ローンを１％前後で借りている方も少なくありません。繰上返済をせずに資産運用に資金をあてるというのも１つの考え方です。

トーク例

「住宅ローンの繰上返済をするか迷っているのですが」

「なぜ迷っていらっしゃるのですか？」

「貯蓄がその分減るから、どうしようかと思って」

「確かに、繰上返済をすると、その分、手元資金が寂しくなりますよね」

「そうなんだよ」

「お客様、こんな考え方もありますよ」

「なんだい？」

「お客様の住宅ローンの適用金利は 0.95 % ですね。もし、それ以上で運用をすることができたなら、繰上返済以上の効果が得られるということになりませんか？」

「ん？　どういうことだね？」

「繰上返済をする予定の資金を、投資信託で運用するということです」

「0.95 % 以上で運用できれば、投資信託の方が有利だということだね」

「そのとおりです。リスクを伴うので必ずとはいえませんが、元々、繰上返済にあてるご資金ということですので、長期投資を前提にじっくり運用することができるのではないでしょうか」

「なるほど」

「大変失礼なお話ですが、もし万一お亡くなりになった時には団信保険で住宅ローンが完済され、繰上返済をするはずの資金は手元に残るということにもなります」

「なるほどね。いいアドバイスをありがとう。ちょっと考えてみるよ」

CASE6 分配金とトータルリターンについての説明

リタイア期は、これまで築いてきた資産を取り崩しながら生活をしていく時期です。その資産を少しでも長持ちさせるための方法として毎月分配型ファンドを提案するのも1つの方法です。ただ、分配金の仕組みやトータルリターンの考え方については丁寧に説明し、理解していただく必要があります。

トーク例

「年金って少ないね。これからは貯蓄を取り崩しての生活になるから心細いよ」

「○○様、確かに公的年金だけで生活をするのは厳しいと多くのお客様がおっしゃっています。中には、少しでもお金を長持ちさせるために資産運用をされる方もいらっしゃいます」

「資産運用かぁ」

「例えば、ご資産を取り崩す場合でも、投資信託で運用しながら毎月分配金を受け取るという方法もあります」

「分配金？　それはいいね」

「はい、今は低金利なので預貯金はただ取り崩すだけで増やすことができません。が、毎月分配型の投資信託でしたら、運用しながら分配金をもらうことで取り崩していくことができます」

投信販売のプロフェッショナルから プラスワン

資産形成層にとって、毎月分配型は投資効率が悪くなるためおすすめしません。再投資をすることもできますが、普通分配金には税金がかかるため、すべてを再投資できません。一方、NISA口座から支払われる分配金は非課税ですが、再投資時に残りのNISA枠を消費してしまいます。枠が残ってない場合は、課税口座へ再投資されます。資産形成層は、分配金が頻繁に出ないタイプの方が望ましいようです。

「ん？　分配金は、利益が配分されるんだよね。なのに、取り崩すとはどういうことかね？」

「毎月分配型は、運用をしながら分配金を出していく商品です。利益が出る月もあればそうでない月もあり、増えていなくても分配金が出る仕組みになっています。増えてないつまり下がっている月には投資元本から払いだされるということです」

「そうなのか」

「ですので、運用結果は、投資信託の評価額と受け取った分配金の総額であるトータルリターンが預貯金と比べてどうだったかを比較するといいですよ」

「なるほど、分配金とはそういうものなのか」

「もし、まとまった資金が必要な時は、口数単位で一部だけ売却することもできます」

「貯蓄のままだと利息もほとんど付かないし、始めてみようかな」

◆投資信託の分配金が支払われるイメージ

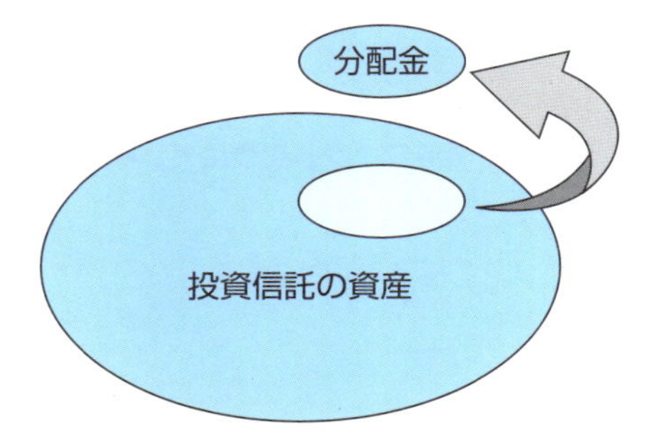

投信販売のプロフェッショナルから　プラスワン

基準価額は、分配金が支払われるとその分下がります。分配金は、際限なく支払われるのではなく“分配対象額”という会計上プールされている金額の範囲で支払われるため、毎月継続的に分配金を出すようなファンドでは、プールしている金額が減ってくると分配金を引き下げる傾向にあります。分配対象額は運用報告書などでチェックできます。

CASE7 既存顧客へのリバランスの提案

分散投資をしていても、マーケットの変動で購入当初に比べ資産配分が大きく崩れてしまうことがあります。リバランスはお客様のアフターフォローの一つで、信頼関係を築くことにもつながります。近況などお変わりないかを確認しながら、金融機関がサポートできることがあれば積極的に提案をしていきましょう。

トーク例

「今日は、投資信託の運用状況のご報告とリバランスのご提案で参りました」

「いつもありがとう」

「○○様には、世界株ファンド300万円と世界債券ファンド300万円をそれぞれ半々の割合でお持ちいただいておりました」

「そうだったわね」

「昨年から株式市場が好調で、今は世界株ファンドが400万円に値上がりしております。一方で、債券市場はやや軟調で、250万円と値下がりの傾向です」

「あら、それなら債券ファンドをやめて、株式ファンドに全額変えようかしら」

投信販売のプロフェッショナルから プラスワン

リバランスは、定期的に行ったほうが良い効果を生むといわれています。しかしながら留意したいのは、リバランスの度に購入時手数料や、場合によっては信託財産留保額がかかることです。理論上は効果的でも頻繁にやりすぎると手数料の分だけ運用効率が悪くなるため、配分が大きく変化した時などに提案するようにしましょう。

「○○様、確かに株式が値上がりしているので、全額そちらにしたいというお気持ちはよくわかります。しかし、それではリスクが大きくなってしまいます」

「リスクが大きくなる？」

「はい。株式と債券を比較した場合、株式の方が大きく価格が変動します」

「なるほど」

「今は好調ですが、どこかでその反対のことが起こるかもしれません」

「あら、大変」

「最初にご購入なさる時、長期投資で、株式は半分だけ保有するようにお決めになられたのは、リスクをあまり取りたくないとのご意向からだったと記憶しています」

「そうそう」

「もし、当初の運用方針とご意向が大きく変わらないのであれば、債券ファンドを株式ファンドにするのではなく、反対に、株式ファンドの方を一部売却し、その分で債券を買い増し、バランスを当初の半々になるように戻してあげる“リバランス”をご提案いたします」

「アドバイスが聞けて良かったわ。リバランスをお願いするわ」

投信販売のプロフェッショナルから プラスワン

リバランスは、投資額が大きくなるほど重要性を増してきます。それは、仮に10％下落した場合に、500万円なら50万円の下落ですみますが、5,000万円なら500万円と影響が大きくなるためです。大口顧客への定期的なメンテナンスはとくに丁寧に行う必要があります。

CASE 8 ネット系証券会社のほうが手数料が安いと言われたとき

投資信託にかかるコストについて、ネット系金融機関の方が安いから有利だとおっしゃるお客様がいます。確かに、手数料の面で見劣りするのは仕方がありません。では、店舗型の良いところは何でしょうか？　トーク例でみてみましょう。

トーク例

「資産形成に投資信託を活用なさいませんか？　NISA制度で税制優遇も受けられます」

「投資信託は、始めてみてもいいなと思っているんだけどねぇ……」

「どうなさいましたか？」

「ネット証券で買った方が、手数料が安いんでしょう？」

「確かにそのとおりです。店舗を持たず人件費も抑えられるネット系証券会社などと比較すると、手数料の面で見劣りするかもしれません。ただ、手数料といっても購入時手数料のみでその他の費用は同じです」

「そうなの？」

「それに、私どものような店舗型にも魅力があるのですよ」

「魅力？」

「ネット系の金融機関と取引する場合は、情報収集や商品の選択などはすべて自分で行わなければなりません。その投資信託の商品性や投資環境を理解し、運用の目的や期待する運用成果に合った配分を組み立てるとなるとよほど投資に慣れた方でないと難しいと思います」

「そうね」

「定期的にフォローや情報提供をしたり、困った時の相談相手になったりできるのが私どもの役割です。ここに付加価値があると思っています」

「確かにひとりじゃ不安だわ」

「ぜひ、私どもに投資ライフをサポートさせていただけませんか」

「ありがとう。よろしく頼むわ」

投信販売のプロフェッショナルから **プラスワン**

あるネット系証券会社にお勤めの方に、相場環境が悪くなると積立て投資の解約が急激に増えるという話を聞いたことがあります。積立て投資は、下がった時こそ多くの口数が買えるので、そのような時に解約するというのは本当にもったいないことです。店舗でお客様とお話しながらサポートができる皆さんなら、そんなお客様に適切なアドバイスや提案をすることができます。

CASE 9　投資をギャンブルと思っているお客様への提案

トーク例

「〜ですので、将来のために資産運用をご提案いたします」

「でも、損をするかもしれないのよね。怖いわ」

「確かに、投資にはリスクがともないます。ただ、安く買って高く売ることを当てにいくような投資ではありません」

「どういうことかしら？」

「ご提案差し上げる投資は、世界の経済成長にのって長期的目線で資産を増やしていく方法です」

「経済成長にのる？長期的？」

「毎年、世界経済は、全体で3％半ば付近（先進国が2％台、新興国が5％弱）の成長となっています。その経済成長を支える1つが、企業が発行する株式や債券への投資資金です」

「へぇ」

「投資信託を購入することで経済活動に参加し、長期的に経済が成長することで株式や債券から利益を得るということが期待できます」

「なるほど」

「投資は、長く運用を続けないと成果が上がりにくいものです。世界経済の成長を楽しみにじっくり育てていきませんか？」

「なんだか興味がわいてきたわ」

◆経済成長率の推移（実質 GDP）

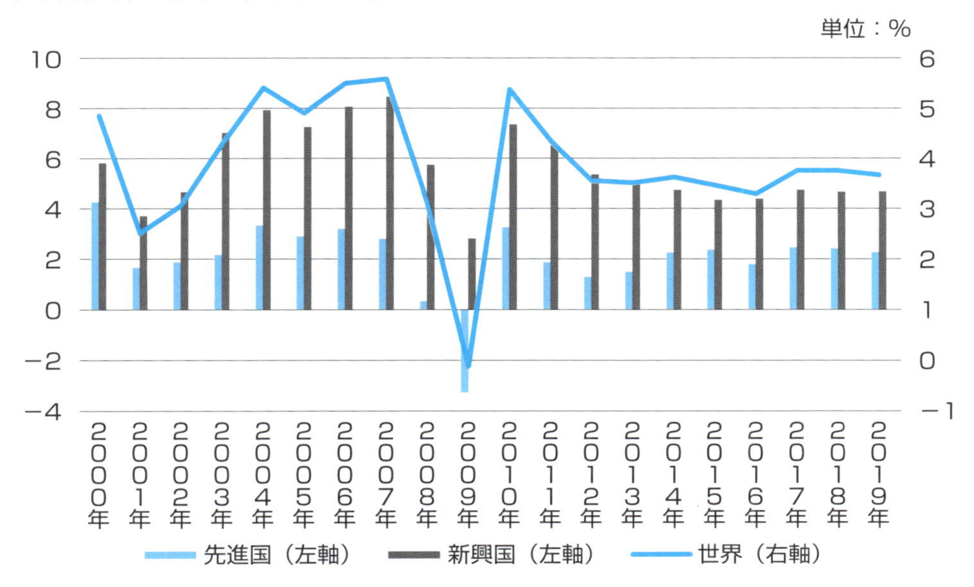

◆経済成長率の推移（実質GDP）

単位：%

	2017年	2018年	2019年
世界	3.7	3.7	3.7
先進国	2.3	2.4	2.1
米国	2.2	2.9	2.5
ユーロ圏	2.4	2.0	1.9
日本	1.7	1.1	0.9
新興国	4.7	4.7	4.7
中国	6.9	6.6	6.2
インド	6.7	7.3	7.4

※ 2018年、2019年は見通し

（出所）IMF 世界経済見通し（2018年10月発表）を基に作成

3 窓口や渉外での提案（きっかけの見つけ方）

お客様との何気ない会話をきっかけに、金融商品の提案ができる場合があります。雑談はコミュニケーションの手段だけではありません。何かお役に立てることはないかと考えながら会話をしていくことが大切です。ここからは、お客様の言葉をきっかけに提案をしていくトーク例を紹介します。

CASE 1 夫が毎日家にいて食事の支度などが大変という方

「夫が毎日家にいるから、食事の支度とか大変なのよ」

「確かに3食の用意を毎日するのは大変だと思います。お疲れ様です」

「ほんとよね」

「ということは、旦那様はご定年を迎えられているのですね」

「そうそう」

「失礼ですが、もう退職金の運用先などはお決めになられましたか」

「まだなのよ。Y銀行に預けっぱなし」

「セカンドライフのための大切なご資金ですので、大事に育てながら管理していきたいですね」

「大事に育てながらとはいっても、何かいい方法でもあるの？」

「はい、投資信託などで資産運用をじっくりされることをおすすめします。よろしければ話だけでも聞かれませんか」

孫が生まれたから顔を見に行ってきたという方

「孫が生まれたから、顔を見に行ってきたよ」

「わぁ、おめでとうございます。男の子ですか？　女の子ですか？」

「女の子なんだ。無事に産まれてよかったよ」

「それは、成長が楽しみですね」

「そうなんだよ」

「○○様、昭和の時代から日本人の平均給与は右肩上がりでしたが、平成10年をピークに下がっています。しかしながら、教育費はずっと上昇傾向という状況です。昔に比べ収入に対する教育費の負担は大きくなっています」

「そうなんだね」

「お孫様の将来のために、ジュニアNISAで教育費を準備なさいませんか？」

「ジュニアNISA？」

「ジュニアNISAは、18歳まで引き出せませんが、資産運用をしながら大学の学費や将来の結婚資金などの準備ができます。NISAと同じように利益が非課税で運用できます」

「NISAとどこが違うんだい？」

「ご案内させていただきます」

◆大学の授業料と平均給与の推移

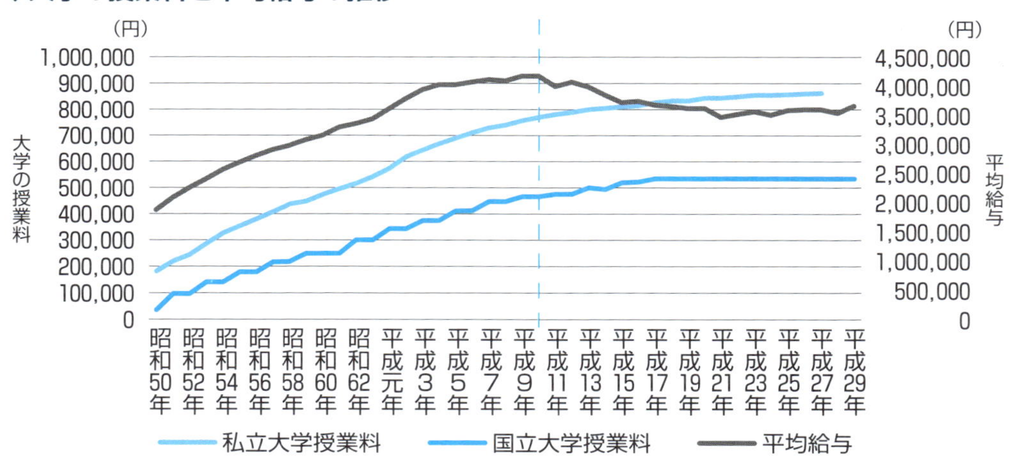

	授業料 国立大学	授業料 私立大学	平均給与
昭和 50 年	36,000 円	182,677 円	1,868,300 円
昭和 55 年	180,000 円	355,156 円	2,689,000 円
昭和 60 年	252,000 円	475,325 円	3,163,000 円
平成 2 年	339,600 円	615,486 円	3,761,000 円
平成 7 年	447,600 円	728,365 円	4,107,000 円
平成 10 年	469,200 円	770,024 円	4,185,000 円
平成 12 年	478,800 円	789,659 円	4,082,000 円
平成 17 年	535,800 円	830,583 円	3,710,000 円
平成 22 年	535,800 円	858,265 円	3,547,000 円
平成 27 年	535,800 円	868,447 円	3,612,000 円

（出所）国税庁：民間給与実態統計調査結果、文部科学省：国公私立大学の授業料等の推移より作成

投信販売のプロフェッショナルから　プラスワン

上記の統計で「昭和 50 年頃に比べると、教育費は国立大学で約15 倍、私立大学で約５倍にもなっています。ですのに、給与は２倍程度しか増えていない状況です」というニーズ喚起もできそうです。教育費に限らず統計値をインプットしておくと説得力が増す説明ができます。

CASE 3 結婚のため氏名変更に来店された方

「ご結婚おめでとうございます。氏名変更の手続きは以上です」

「ありがとうございます」

「失礼ですが、ご結婚後もお仕事はお続けになられるのですか」

「このまま続けるつもりよ」

「そうなのですね。共働きのご夫婦はお忙しくていらっしゃるので、ご結婚なさったこのタイミングでマネープランを立てておかれると安心ですよ」

「マネープラン？」

「はい、出産や住宅購入資金、老後資金など目的に合わせて準備していくことをお勧めします」

「そうなの？」

「特に、普段使う口座はいつでも引き出しできるので、何気なく払い出し余計に使ってしまうという傾向があります」

「確かに。気にせず使っているわ」

「ですので、先に貯蓄をして、残りを生活費にあてられることをお勧めします。口座からの自動積立ならお忙しい方でも着実に貯蓄が進みますよ」

「自動積立はいいわね」

「出産や住宅購入の頭金は定期預金で、先々のお子様のための教育資金や老後資金のような長期的なものは投資信託をお勧めします。よろしければ詳しくご案内させてください」

「ありがとう」

◆貯蓄のイメージ

○ 収入 － 貯蓄 ＝ 使える お金

CASE4 相続で親から資産を受け継いだという方

「○○様、失礼ですが定期預金にお預けいただいているご資金は、お使いのご予定がお決まりですか」

「親からの相続でもらった金なんだ。できれば子や孫に引き継いでいきたいと思っているんだ」

「たくさんの想いが詰まったお金なのですね。もし、次の代に残されたいのでしたら、貯蓄ではなく資産運用により育てていく、という方法もあります」

「資産運用？」

「はい、預貯金ではなかなか増えないので、少し運用を取り入れていくのも1つです」

「なるほどね」

「大変失礼ですが、もし○○様にご相続が起きた時は、運用を続けたまま引き継ぐこともできますし、金利も低い時代ですから長期的な目線で育てることをお考えになりませんか」

「確かに、このまま預けていてももったいないよね」

「よろしければ、もう少し詳しくご説明をさせていただきます」

「せっかくだから、聞かせてくれないか」

CASE5 年金受取口座の手続きに来店された方

「○○様、年金受取口座を当行にご指定いただきありがとうございます」

「これからも、よろしく頼むよ」

「今お預けいただいている預金について、すぐにお使いになる予定はございますか？」

「いやぁ、これからの生活費だよ。年金暮らしになるからね」

「でしたら、10年先、20年先まで使わないご資金は少し運用なさることもお考えになりませんか？」

「10年、20年先の資金!?」

「はい。老後といいましても人生100年時代ですので、ずいぶん先にならないと使わないお金もあります」

「確かにそうだね」

「預金だけではなかなか増えませんので、すぐに使われない資金の一部をリスクを抑えながら運用するのも一案です。そうすると先々も安心できるのではないでしょうか」

「なるほどね。少しだけ運用してみるのもいいね」

CASE6 株式の配当利回りと預貯金金利の比較に興味をもった方

「～でしたら、資産運用をお考えになるといいですよ」

「もしかして株ですか？」

「私がご提案差し上げたいのは、投資信託です」

「投資信託？」

「はい。ちなみに、今の預貯金の金利は何％かご存知ですか？」

「かなり低いわよね」

「そうです、普通預金は 0.001％、定期預金なら 0.01％です」

「ため息がでるわ」

「では、日本の株の配当利回りは、平均で何％くらいかご存知ですか？」

「さぁ……」

「約2％です」

「へーそんなに」

「株式投資の魅力の一つは、配当金が受け取れることでもあります」

「でも、株はリスクがあるわよね」

「そのとおりです。ですので、私は多くの銘柄に分散投資ができる投資信託をお勧めしたいのです」

「なるほど」

「配当金を重視した投資信託や、ローリスクのものなど色々なタイプの投資信託がありますので、よろしければご覧になりませんか？」

「そうなのね。ちょっと見せていただこうかしら」

「もちろんです。詳しくご説明させていただきます」

CASE7 その他のトークの展開例

通帳からお客様の生活を想像し、会話のきっかけを見つけることもできます。

・校納金の自動振替があるお客様→教育費を準備するための資産運用について提案

「いつもご利用ありがとうございます。授業料のお引き落としをしていただいているようですが、お子様はおいくつでいらっしゃいますか？」
「教育費のご準備はなさっていますか？」

・年金振込を指定いただいているお客様→年金を補完する資産運用の提案

「年金振込のご指定ありがとうございます。ご通帳を拝見しますと、たくさん残高を置いていただいておりますが、セカンドライフのマネープランについてはすでにお考えでしょうか？」

・給振口座に積立て設定がないお客様→自動積立の提案

「給与の振込口座にご指定いただきありがとうございます」
「給与の口座から積立てをされる方が多くいらっしゃいますが、よろしければお考えになりませんか？」

著者紹介

白浜（しらはま）　仁子（ともこ）

昭和 46 年 11 月 7 日福岡市生まれ。地元の銀行に就職し、営業店の窓口業務を担当。妊活で退職後、独立系 FP として活動をはじめる。内山 FP 総合事務所株式会社 専務務取締役を経て 2016 年 4 月 FP オフィス フェアリンクを開設。2018 年 10 月 fp フェアリンク株式会社 代表取締役となる。

主に、資産運用、生命保険、住宅ローン、相続等をはじめとしたライフプラン相談のほか、一般向けマネーセミナーや、金融機関向け FP コンサルタント研修を行う。西日本新聞マネー情報紙 “Oh! Yen!”（オーエン）にて専属ファイナンシャルプランナーとして毎月特集記事に登場。FFG グループ iBank マーケティング株式会社のマネーサイト “mymo”（マイモ）にてコラムを担当するなど執筆多数。

営業店の投信販売推進ガイド

2019年 8 月 23 日　初版第 1 刷発行

著　者　白浜仁子
発行者　金子幸司
発行所　㈱経済法令研究会

〒162-8421　東京都新宿区市谷本村町3-21
電話　代表03(3267)4811　制作 03(3267)4823
https://www.khk.co.jp/

営業所／東京03(3267)4812　大阪06(6261)2911　名古屋052(332)3511　福岡092(411)0805

表紙デザイン／清水裕久　本文レイアウト／（有）ねころのーむ　イラスト／井上秀一
制作／松倉由香・長谷川理紗　印刷・製本／㈱日本制作センター

ISBN 978-4-7668-3413-0